Hello, Beautiful!

Tasuku.

今日も素敵な日に

なりますように。

KADOKAWA

まえがき　Hello, Beautiful!

はじめまして！　Tasuku.（タスク）と申します！

トラベルフォトエッセイストとして世界中を旅しながら、「ことば」「写真」「動画」を通して、旅や海外での暮らし、セルフラブの発信をしています。

いつもインスタグラムを見てくれている方も、はじめましての方も、この本を手にとっていただき、ありがとうございます。こうして本書を通してみなさんとつながれたご縁に、大きな歓びを感じています！

わたしは今現在、タイのチェンマイという町に住みながら、本の出版に向けて筆を走らせています。この町に住むことが長年の夢のひとつで、その夢が叶っている中、「本を書く」というもうひとつの大きな夢も同時に叶えることができ、幸せを感じながら、こうしてことばを紡いでいます。

わたしは「ことば」は「魔法」だと信じています。何氣ない日常がキラキラ輝きだしたり、霧がかかっていた視界がパーッと晴れ渡ったり、カラカラに渇いていたこころに満開のお花が咲いたり、「ことば」にはそんな温かな力が宿っていると思うんです。本書ではそんなことば一つひとつにこだわっていて、「気」という漢字も「米」の入った「氣」を使っています。よりパワーに満ちているように感じて、みなさんにそんな素敵なエネルギーを届けられるようにと願いを込め、この漢字を選びました。

この本は、今ある暮らし、そしてこれからの未来がさらに輝きを増すような、背中をそっと押してくれるような、そんな魔法のことばをていねいに紡いだ一冊となっています。最初のページから順番に読み進めてもいいし、目次を見てピンときた項目から読み進めるのもいいと思います。
「ランダムにパッと開いたページが今日の自分へのメッセージ！」といったように、オラクルカードを引くような使い方もおすすめです。羽を広げて、自由に読み進めてほしいと思い、項目に数字も振っていません。自分のペース、心地よさを大切に、自由に読み進めていただけると嬉しいです！

今日も素敵な日になりますように。　もくじ

ブックデザイン　荒井雅美（トモエキコウ）
帯写真　Tasuku.
DTP　エヴリ・シンク

さて、新しい日の始まりだ。

朝日が眩しく頬をなでる。

「思い通りの現実」
にならないのは
「想像を超えた
素敵な未来」のため。

What's happening for you is
guiding you to an amazing future!

２０２３年３月から２ヶ月半の間、わたしはメキシコを旅していた。

当初はドイツにワーキングホリデーに行く予定だったけど、メキシコに関するサインが生活の中に多く現れ、それにしたがい、まずはメキシコを旅することにした。「もし現地がすごく氣に入ったらしばらくメキシコに住んでみよう！　もし自分に合わなかった場合、ドイツに行くのか、他の国に行くのか。それは現地を旅しながら決めていこう！」

いつも通り、そんなゆる〜い感じで、海外移住も視野に入れ、旅に出た。

メキシコは人がとても優しく、素敵なカフェもたくさんあり、わたしの好きな国のひとつになった。ただ、水が合わなかったのか体調が優れない日が多く、結局、国を出ることにした。そして、現地で予想以上にお金を使いすぎてしまい、「ドイツに行くためにお金を貯めなきゃ……！」そう思い、迷った結果、近くのカナダでワーキングホリデーをしながらまた資金を貯めることに決めた。

結果からお話しすると、カナダに着いてから、約３ヶ月の滞在の中でビザを得ることはできなかった。一度、地元沖縄に帰ることに決め、帰る準備をしている最中、ずっと行きたいと思っていたニュージーランド（ＮＺ）が氣になり始め、ワーキングホリデービザを申請することにした。おもしろいことに、ＮＺのビザは数日で下りた。カナダ現地のビザ取得はまったく進まなかったが、カナダにいながらＮＺのワーキングホリデービザを何なく取得することができた。

ただこの時点では、一応ビザはゲットできていたものの、沖縄に戻り生活の基盤を立てようか迷っている段階で、ＮＺに行くかどうかは一度帰国し、その時自分がどう感じるかで判断しようと決めた。その後、沖縄に戻ったが「今はまだここじゃない」そんなフィーリングを感じ、ＮＺへ行くことを決めた。

様々なことが重なり、導かれたＮＺ。大自然に囲まれ、澄んだ空氣とのどかな時間が流れるとても素敵な国だった。でも現地では「楽しい」よりも「大変なこと」のほうが多かった。生活の基盤作りはもちろんのこと、お金、人間関係、目の前の現実など、これまで以上に自分の人生、そして自分自身と向き合った。でもそのおかげで、自分のことをより深く知ることができたし、これからどういう人生を送りたいのかをより明確にすることができた。

「大きく、変わる」と書いて「大変」。何かが大きく変わる時には、やっぱりチャレンジが待っている。でもそのチャレンジを乗り越えると、さらに成長した自分がそこにはいて、より明るい未来が待っていると思う。

結局、NZでの暮らしは始終物事が上手く運ばず、予定を早めて沖縄に帰ることにした。その後、沖縄で2ヶ月半を過ごし、2024年9月現在。ひょんなことに、わたしはタイのチェンマイで暮らしていて、カフェで美味しいコーヒーを飲みながら、こうして本の原稿に筆を走らせています。

人生ってホント面白い。ドイツを選ばずにメキシコに行ったから、予定になかったカナダへ行くことになり、そこで〝上手くいかず〟、その結果、NZに行くことになって、今はこうしてチェンマイにいる。

〝上手くいかないこと〟があったから、その都度予定を変更し、自分が思うベストな道をその都度選び、ここまで歩いてきた。

物事が上手くいかない時って、点で見るとその時は「もう最悪。上手くいかない!!」そう思うけど、振り返ってみると、その道中で点と点がつながり、一本の美しい線になっていたりする。

〝上手くいかなかったこと〟も、長い目で見ると、実はそのほうが自分にとってベストだったから、想像を超えた素敵な未来のためだったからだとわかる。

チェンマイは何度か訪れたことがあるけど、いつも短期滞在だった。人も空氣ものんびりしていて、温かさと、どことなく懐かしさも感じる。そんなチェンマイに「いつか長期で住んでみたい……!」そう思っていた夢は、こうしてひょんなことから叶った。

そして、ここに来てもうすぐ1ヶ月が経つ。

〝上手くいかなかったこと〟のおかげで、想像を遥かに超えた素敵な未来(今は現在)がこうして訪れた。わたしがチェンマイのカフェで本を書いている未来が来るなんて、1ミリも想像できなかった。

ちなみに、元々SNSでの発信はしていたけど、より多くの方に見ていただけるようになったのは、NZでの暮らしの中での学びを動画にし始めてから。

それをきっかけに、とてもありがたいことに、こうして本を出版させていただくことになった。もしわたしがNZに行っていなかったら、そこで経験した様々な出来事に出会えていなかったら、こうして「本を出版させていただく」という幸せな現実はなかっただろうし、チェンマイにいることもなかったと思う。

自分に起こるすべての出来事って、今の自分にとって必要なことなんだと思う。

現実が思うように進まず、大変なこともあるかもしれないけれど、時には立ち止まりながら、自分のペースで前へと進もう。

きっとその先には、想像を遥かに超えた素敵な未来が広がっているから！

何があっても
きっと大丈夫。

Trust yourself.
You've survived 100% of your worst days so far!

「もう無理」そう思ったこと、今までにどれくらいあった？

「つらくて逃げ出したい」そう思うこと、どれだけ経験してきた？

でも今この瞬間、こうして生きているってことは、「もう限界」そう思ったたくさんの過去を乗り越えてきたから。

つらい状況にいるその瞬間は「もう嫌だ」「もう無理……」そんな思いでいっぱいになると思うけど、全然それでいいの！　だって、それが自分のこころに湧く正直な氣持ちなんだから。


でも、そんなつらい時にこのことばを思い出してほしい。

こうしてこの瞬間を生きているのは、「もう無理」そう思った過去を何度も、何度も、乗り越えてきたから！


あなたは、自分が思う何百倍も強い！

だから、大丈夫。何があっても、あなたなら、大丈夫。

絶対、絶対、大丈夫！

あなたなら、大丈夫。

焦ってても
問題は解決しない。

Take it slow.
Everything's gonna be all okay!

焦って問題が解決するなら、焦るのも全然あり！

でも、大抵のことって、焦ったところで何も解決しないよね。

焦って解決できるならできるだけたくさん焦ったほうが良いと思うけど、思い返せば結局のところ、焦っても何も変わらなかったし、かえってこころがザワザワして、いつもはしないミスをしてしまったりした。


旅が大好きで、世界中の様々な場所を回っているんだけど、「旅」って良くも悪くも毎日が「非日常」なわけで、日本にいればどうってこともないことが、海外だと問題になったりと、日常の中で様々なハプニングがある。

そしてそんな問題に直面した時、「焦って対応するか」「落ち着いて対応するか」で、大きな違いが生まれると思うの。

わたしもこれまでにたくさんの問題に直面してきた。焦って、不安になって、頭がパンクしそうになりながら問題を解決しようとしたことが何度あったか。

でもね、焦ってその問題に対応しても、落ち着いて向き合っても、流れる時間は変わらない。

「だったらわざわざ焦る必要なくない？」そう思ったの。


何かトラブルに直面して、焦ってイライラしていると、やっぱり人は鏡なわけで、イライラした自分に合わせて、相手も自然とイライラしてしまう。

反対に、落ち着いて状況を説明しながらゆったりと相手と会話することで、相手も落ち着いて対応してくれたりする。


トゲトゲした時間をできるだけ減らすことで、自ずとほっこり温かな時間も増えるはず。

「今わたし、焦ってる！」

そう思ったら、一度、深呼吸をしよう。話すスピードを落として、歩くスピードも緩めてみよう。そうすることで、焦るこころもスローダウンするはず。

焦ったって、焦らなくたって、一日が24時間なことに変わりはないんだから。

今抱えている問題もいずれはどうせ解決するし、振り返ると「何に焦ってたんだろう?」そうやって、自分がどんな不安を抱えていたかさえ思い出せないんだから!

どうせ、大丈夫。だから、焦ることなんてないよ。

もっと力を抜いて、リラックス〜〜。

幸運は
ハプニングの顔を
してやってくる。

Troubles are blessings in disguise.

メキシコを旅している時、サンクリストバルという町にどうしても行きたかったんだけど、調べていると、そこに行くためにはバスでものすごい長時間移動しないといけないことがわかった。長時間のバス移動が大の苦手なわたしは「あぁ、サンクリストバルに行けないのか……」なんて、半ば諦めていたんだけど、どこからともなく解決策が突然目の前に現れたんです！


その時はメキシコシティーに滞在していて、Airbnbを利用して現地の方のお家の一室に住まわせてもらっていた。

滞在先のオーナーさんはすごく親切で、ワインやお菓子をご馳走してくれた。

彼のお友達がお家に遊びに来ていて、お話を聞くと、そのお友達はオーナーさんのお氣に入りの〝お友達〟らしいことがわかった。

時間は21時頃だったし、疲れていたけど、わたしは氣を遣って家を出た。

その日の夜にはミートアップ（交流イベント）があって、友達作りのために参加する予定だったけど、疲れていたからやっぱり滞在先で休むことにしていた。

でも、前述した通り、オーナーさんに氣を遣って外出することになり、わたしは結局、行くつもりのなかったそのミートアップに参加することにした。

そこにはアメリカから来た男性が3人いて、「メキシコで何をしてるのか」や「旅のお話」など、いろいろとお互いの話をした。

その会話の中で、わたしが「サンクリストバルに行きたかったけど、バスで長時間移動するしか道がなくて行くのを諦めたんだぁ〜」と言うと、「え？　飛行機で簡単に行けるよ？」3人のうちのひとりがそう言って、現地までの行き方を教えてくれたの。いくら調べても出てこなかったのに、思いもよらないところからすごく貴重な情報が降りてきた！

数日後、大きなワクワクを胸に飛行機に乗り、サンクリストバルへと渡った。

サンクリストバル（サン・クリストバル・デ・ラス・カサス）は山に囲まれたコンパクトでのどかな町で、町並みもとても可愛い。カフェやオーガニックショップもたくさん！　アンバー（琥珀《こはく》）でも有名な町で、ジュエリーショップも町のあちこちに並んでいる。カフェ、ナチュラルライフ、ジュエリー、オシャレな町並みなど、わたしの好きがこれでもかと詰まったそんなサンクリストバル。すっかり魅了され、メキシコ滞在中、一番長く滞在したのがこの町。本当に素敵な町で、また訪れたいお氣に入りの場所になりました！

Airbnbのオーナーさんが〝お友達〟を連れてこなかったら、わたしがミートアップに参加していなかったら、きっとわたしはこの美しい町を訪れることができず、そこで出会った人たちや幸せな時間にも恵まれることがなかったはず。

こうして「幸運」って、時にハプニングの顔をしてやってきたりする。

そんな「幸運」が「ハプニングの仮面を被《かぶ》っていることがある」とわかった今、

どんなことも楽しめそうな氣がする！

そう考えると、人生ってワクワクでいっぱい！

これから何が起こるか楽しみだ〜〜！

自分の軸を大切に。

Take control of your own ship.

わたしの好きなことばがある。

Ships don't sink because of the water around them. Ships sink because of the water that gets in them. Don't let what's happening around you get inside you and weigh you down.

船は、周りの海水のせいで沈むことはない。

船が沈むのは、海水が船の中に侵入してきた時だ。

身の回りの環境に呑み込まれて、自分のことを見失わないように。（Tasuku. 訳）

このことばを見た時に、「自分の軸」をしっかり持つことの重要さに改めて氣づくことができた。

ここでいう軸とは、自分の「信念」だったり、「あり方」。


わたしは今までに様々な国を旅してきて、その中でもインドがすごく印象的で、好きな国のひとつになった。

でも、わたしが「インドに行く」そう言った時、周りの反応は「なんで？ 危ないよ？ 何かあったらどうするの？」そういう反応だった。

そう言われるとなんだか自分も不安になってきて「行かないほうがいいのかなぁ……」なんて思ったりもした。


だけど、わたしには「誰に何を言われようと、自分の目で見てちゃんと確かめる」という信念があったので、海水（周りの意見）が自分の中に入ってきたけど、その「信念」を使ってわたしの中に侵入してきた海水を外に掻き出した。


その結果、わたしの船（こころ）が沈むことはなかった。

そして、実際に現地に行ってみると、美しい景色、美味しいご飯、現地の人との素敵な出会いがあり、本当に素晴らしい体験ができた。

砂漠に布団を敷いて寝たり、馬に乗った少年に追いかけられたり、猿・犬・牛を横目に街歩きをしたり、熱々絶品のマサラチャイにこころ打たれたり、ガンジス川で沐浴をしたり。もう数年が経つけど、今でも鮮明に思い出せるぐらい、特別な思い出としてわたしの中に色濃く残っている。

あの時、自分の中に入ってくる海水（周りの意見）をそのままにしていたら、目的地に到着する前に船は沈んでしまい、素晴らしい景色にも、現地で過ごした温かな時間にも触れることができなかったはず。

これからも、自分が浮かぶ海の状況がどうであれ、海水を侵入させることなく、目的地に向かって舵を取ってスイスイ進む船でありたい。

みなさんのこれからの航海も、素敵なものになることをこころより願っています！

相談する人を
しっかり選ぶこと。

Choose who you share your excitement with.

「〇〇に行くんだ〜！」「〇〇しようと思ってるの！」そう言うと、「大丈夫？」「危なくない？」「意味あるの？」そういった周りからの声に惑わされることがある。そういう声を耳にすると、キラキラしたワクワクが、濁った不安に変わってしまうことがある。「ただただワクワクをシェアしたかっただけなのに……」そうやって、落ち込んでしまった経験をしたことが何度もある。

でも、相手がわたしのことを想っていたり、心配してくれていることもちゃんと知っている。

だからこそ、丁寧に育てたワクワクを乱雑に摘み取られないように、「ワクワクを共有する人」「相談する人」をしっかり選ぶことにした。

「家族だから」「友達だから」などに関係なく「自分をこころから応援してくれる人」「わたしが今からやろうとしていることを経験したことがある人」だけに相談をしたり、ワクワクをシェアするようにしている。

だって、いくら家族や友達であっても「知らないこと」や「経験したことがないこと」に対して不安になるのは、当然のことだと思うから。

実際に、わたしがインドに行くと言った時、賛成してくれなかった人や不安な表情を浮かべた人は、現地に実際に足を運んだことがない人たちだった。

逆に、実際に行ったことがある人たちはみんな「え〜いいなぁ！　わたしもまた行きたい！」「すごく素敵な国だったよ！」「絶対氣に入るよ！」そう言って、優しくも、力強くわたしの背中を押してくれた。


でも、身近に相談できる人や、背中を押してくれる人がいない時もあったりすると思うの。わたしはそういう時、インターネットを頼ったり、書店に足を運んだりして、ワクワクを大切に育てています。

便利な今の時代、ネットで検索をかけると知りたいことについての情報や実際にやってみた人の体験談など、背中を押してくれる記事や動画がたくさん出てくる。また、書店に行けばたくさんの本が並んでいて、ふと目に入った本を手に取ると、その時一番欲していたことばが書かれていた、なんてこともあったりする。

一歩踏み出す勇氣が欲しい時は、憧れの人を想像して「あの人だったらどう行動するかな？」と考えたり、未来の自分の視点に立って「勇氣を出して飛び込んだから、こうしてより幸せな未来があるんだよ！」などと、今の自分を鼓舞するのもいいかもしれない。そうやって、今あるワクワクを大事にすること。水やりを欠かさず、大切に育てること。そうすることで、ワクワクのつぼみがパーッと美しいお花を咲かせるの！

そうやって、ワクワクのつぼみを胸に実際に現地を訪れたわたし。素敵な旅の時間を過ごしたのはもちろんのこと、何よりも「自分のワクワクに素直にしたがって良かった!!」こころからそう思ったの。そんなわたしのワクワクは、キラッキラのお花を咲かせました！

ワクワクのつぼみを満開のお花にするためにも、一度、興奮する自分を落ち着かせ、「このワクワクは（この人に／ＳＮＳで）シェアするべき？」自分にそう聞いてみてください。

あなたのワクワクが、キラキラした満開の花を咲かせますように！

こころより応援しています！

断ることも、優しさ。

Saying “No” is an act of kindness.

「なんだか嫌だなぁ」「自分に合わないなぁ」そう思いながらも、相手のことを想うがあまりお誘いやお願いを断れなかった経験、みんなはあるかな？

わたしはあるの。それも、たくさん。

上手く「ＮＯ」が言えないって一見、短所に見えるけど、それは相手のことを思いやる優しいこころがあるからこそ。

「断ったら迷惑がかかるから……」「お世話になっているから……」そうやって相手のことを想い、自分のことを後回しにしてしまう優しいこころの表れだと思うの。

でもそれって、本当の優しさだろうか？　そう思ったりもする。

たとえば、お友達にコンサートに誘われたとして、それが自分にとってはまったく興味のないアーティストで、本当は行きたくないとする。そこで「せっかく誘ってくれたから……！」と、「本当は行きたくない」という自分の氣持ちにフタをして「YES」と返事をしてしまう。

でも本当にお友達のことを想うなら、お返事は「NO」のほうがいいはず。

だって、わたしだったら大好きなアーティストのコンサートに行くなら、その歌手のことを知っていて一緒に楽しめる人とのほうが絶対いいから！

「楽しんでくれているかな？」なんて、逆に氣にしてしまって、コンサートを楽しむどころじゃなくなってしまう。

遊ぶ約束でも同じことが言える。約束の当日までにいろいろなことがあり、自分だけで精一杯な時があったりする。

そういう時わたしは、すごく申し訳ないと思いながらも、お友達に連絡して予定を変更してもらっています。

その理由は、こころここにあらずのポカーンとした状態でなんとなく一緒に過ごすほうが、予定を変更するよりも相手に対して失礼だと思うから。

自分がしっかり満たされている状態だと、相手のことも満たしてあげられるし、自分の「今この瞬間」を全力で相手にプレゼントすることができる。そうすると、自ずとお互いに素敵な時間を過ごすことができる。わたしがお友達の立場なら、そうしてほしい。

だって、相手がこころここにあらずの状態だったら、一緒にいるのに一緒にいないように感じちゃうから。

せっかく同じ時間を過ごすなら、濃く、楽しい時間を過ごしたい。

だからこそ、自分の感情にフタをして「YES」を出しそうになったら、相手のことを想い、優しい「NO」をプレゼントしてあげよう。

暮らしに「余白」を。

Have some “Yohaku” in your life.

何ごとにおいても、わたしは「余白があること」が好き。

家の中、スケジュール帳、旅のスタイルまで、何ごとにおいても余白があるとすごく心地がいい。「何もない」があることに大きな幸せを感じる。

そんなわたしの、旅の計画。それは決まって「計画がないのが、計画」。

基本的に「計画のないひとり旅」がわたしのスタイルで、事前に決めておくのは「現地に着いてすぐの宿」だけ。

わたしの旅人界隈のお友達には、「宿も現地に着いてから！」なんてめちゃくちゃアドベンチャーな人もいるけど、繊細で心配しいなわたしには大胆すぎて、それはできません（笑）。

着いてすぐに重い荷物を持ち、目的地がわからないまま道を行くのは、わたしにとっては大きな不安になる。でも宿泊先さえ決まっていれば、それ以外決めたくないのがわたしのスタイル。

渡航する前に現地の安全面、マナー、おすすめ料理など基本的なことは調べておくけど、それ以外はノープラン！

たまたま通りかかって氣になった場所を訪れたり、現地で出会った旅人やローカルの方におすすめを聞いて、その都度次の目的地を決めたりと、流れに身を任せる旅をしています。

ガチガチに予定を決めないことで、そこに余白が生まれる。

物で溢れた部屋だと身動きが取りづらいけど、何もない広々とした部屋だとうんと両手を広げられるように、余白を持つことで、自由に動くことができる。

そうやって余白を作っておくことで、自分がまったく知らなかった場所を訪れることができたり、素敵な人や景色に出会えたりする。

「いつもより少し早く起きて余裕ができたことで、家を出る前にゆったりコーヒーを飲むことができた」

「予定より早く着いて時間ができたので近くを散策すると、素敵なカフェを見つけた」

などなど、暮らしの中に「余白を持つ」ことで素敵な出来事があった経験は誰しもあるはず。

旅でも、暮らしの中でも、「余白」を作ることで、自分のコントロールの外にある素敵な出来事がふわっとその空いたスペースに流れ込んでくると思うの。

「余白を持つこと」は、暮らしの中でのわたしの小さな贅沢であり、さらなるワクワクを呼ぶ大きな鍵。

余白を、大切に。

限られた
エネルギーを
どう使うか。

Let your flower bloom!

エネルギーの無駄遣いをしているものを手放す。

一日の中で、自分が使えるエネルギーは限られている。
その限られたエネルギーをどう使うかが大切。

わたしたちは一日の中の限られたエネルギーを、家庭、仕事、人間関係、趣味、SNSなど、すべての物事に使っている。
ミニマルな暮らしや、シンプルな暮らしに憧れを持つ人が多いのも、今世界にモノや情報が溢れていて、自分のエネルギーが散乱しているからかもしれない。
「デジタルデトックス」ということばもよく聞くけど、それはネットの発展によって一昔前までは得ることができなかった膨大な情報とつながれるようになり、そこから自分を切り離すことが難しくなったからだと思う。

そんなこんなで、わたしたちは自分がどこにどれぐらいエネルギーを注いでいるのかをしっかり確認する必要がある。

たとえば、「咲かせたいお花」があって、そのためにわたしたちは毎日1本、ボトルの水を与えられているとする。
わたしたちの目標は、そのお花を咲かせること。
その中で、そのお水をどう利用するかはすべて自由に選択できる。

種に水やりをするのか、見ず知らずの誰かのために使うのか、それとも、ただただ捨ててしまうのか。

人それぞれの使い方があり、どんな使い方をしてもいいと思う。
でも、種に水やりを欠かさない人と、お水を無駄に使う人とでは、与えられた種がお花になるかならないか、そこに決定的な違いが出る。

美しいお花を咲かせるためには「限られたお水をどう使うか?」をしっかりと意識して、「お花を咲かせることにつながらないもの」に大切なお水を使わないことが必要になる。

さて、あなたはどんなお花を咲かせたい？

そして美しいお花を咲かせるために、今日、大切なお水をどう使う？

「好きなこと」
と
「嫌なこと」

Nothing won't stop you
from doing what you truly love!

「好きなことをして生きよう！」ってよく見かけるし、よく聞く。今の時代のスローガンみたいになっているけど、「好きなこと」をする上で「苦手なこと」や「嫌なこと」もあったりする。でも、それで全然良いと思うの。それでも続けてやっていることが、本当の意味での「好きなこと」なんだとわたしは思う。

わたしは旅が大好きだけど、宿を決めるのもフライトを決めるのも苦手。飛行機の席を決めるのなんて、生きるか死ぬかの選択を迫られているようで、一度席を選択してはまた他の席に替えてを繰り返して、頭の中でシミュレーションをしながら一生悩んでいる。なんなら、移動も苦手。バスでの移動はどんなに長くても5時間が限界だし、長時間フライトもすごく苦手。

こうやって改めて考えてみると、「旅」の中には、わたしの「苦手」が盛りだくさん。それでも旅をするのは、そこで出会う美しい景色や新しい友人、素敵なカフェで過ごす時間など、旅で得られる様々な出会いに魅了されているから。

「好きなこと」の中にも「苦手なこと」や「嫌なこと」ってきっとあるし、それが仲良く共存していてもいいんじゃないかな！

こころの声を
第一に。

Listen to your heart.

「自分のこころの声を大切にすること！」

ありきたりで聞き飽きたフレーズかもしれないけど、やっぱり自分の求める幸せを手に入れるためには、自分のこころの声にしっかりと耳を傾けてあげること。周りの意見を取り入れることも大事だけど、自分が幸せになるためには、自分のこころにしたがって行動することが何よりも大切。だって、「わたしの幸せのため」と思って誰かがアドバイスをくれたとしても、「わたしが思うわたしの幸せ」と「相手が思うわたしの幸せ」には大きな差があるかもしれないから。

「自分の声を大切にする」と聞くと、すごく大きなことのように感じてしまうかもしれないけど、そんなことはまったくなく、日々の暮らしの中で「これがしたい」「ここに行きたい！」と、こころに浮かぶことに素直にしたがうだけ。

たとえば、「今日は絶対美味しいパスタが食べたい！」そう思ってレストランに行くとする。そこで店員さんに「この店はピザがおすすめだよ～～！」そう言われる。

「本当はパスタが食べたいけど、ピザがおすすめって言ってるし〜……」そうやって他の人の意見が自分の中に入ってくることで、本当は食べたいものとは違うものを選んでしまったりする。きっとそんな経験は誰しもあるんじゃないかな？　柔軟になることも大切だけど、自分のこころのままに動くことはそれ以上に大切だと思うの。

わたしは今、チェンマイのカフェにいるんだけど、ここに来る前、滞在先のオーナーさんとお話をしている中で、このカフェに行くことを伝えると、「他にも良いとこあるよ！」そう言って、ご厚意で違う場所をすすめてくれたの。

教えてもらったカフェもすごく魅力的で、そこにするか迷ったけど、なんだかこころがむずむずして、やっぱり自分がすごく氣になっていた今いるカフェに来ることにした。そしたら、それがなんと大正解！　アイスラテを頼んだんだけど、文字通り目を見開いて「うまっ‼」思わずそう口にしてしまった。カフェの空間も本当に素敵で、全わたしが満たされたの。

おすすめしてもらったカフェに行ってもきっと素敵な時間を過ごせただろうけど、わたしが今感じている幸せにはきっと達していなかったと思う。それは、カフェのすべてが好みなだけでなく、「自分のこころにしたがってここに来た」という事実があるから。

このカフェが自分の好みとは違っていたとしたら、「あぁ、おすすめしてもらったところに行けば良かった……」なんて思ってしまっていたかもしれないけど、それと同時に「理想とは違っていたけど、自分のこころにしたがってここに来て良かった」と「トライしたこと」に満足していたはず。

でも逆に、おすすめしてもらったところに行って、そこが氣に入らなかった時にこころに感じるダメージは大きい。それは、訪れた場所が合わなかったことに加え、「自分のこころの声ではなく、誰かの声を優先してしまった」から。

だから、今日もわたしは自分のこころの声にしたがう。それが思っていたものとは違っても、そこには「自分を信じた自分」がいる。「失敗した！」と思うこともあるかもしれないけど、周りの声をかいくぐり、こころの声にしたがったんだもん、それって大成功じゃない⁉

出したエネルギーが
そのまま
返ってくる。

What goes around comes around.

幼い頃、通っていた駄菓子屋さんがあった。振り返ってみると、わたしはそこで、幼いながらに「出したエネルギーが返ってくること」を身をもって体験していた。

お母さんにおねだりしてゲットしたお小遣いを握りしめ、その駄菓子屋さんによく通っていたんだけど、もっとお菓子を買うために手持ちのお金を増やしたくて、いつもひとつ、当たりつきのチョコレートを宝くじのように買っていた。

その駄菓子屋さんで起きるすごく面白いことが、「誰かにお菓子を奢《おご》ってあげると、なぜか必ずと言って良いほど当たりを引く」ということ！

これは、決してお店のおばさんが奢ってあげた子のために当たりを引かせてあげているわけではなかったの。

そのチョコレートは透明のプラスチックの深い容器にたくさん入っていて、その中に手を入れて、「これだ！」って思うものを手にするの。

チョコレートは銀色の紙に包まれていて、もし当たりだったらその銀紙の裏に当たりの金額が書かれている。10円、50円、そして最高額はなんと100円！（当時のわたしにとっての100円は、それはもう大金！）

今考えても、あれはおばさんがコントロールできるものではなかった。自分だけでなく、誰かにお菓子を奢ってあげた別の子が当たりを引いているのも目の前で見た。

当時は「お菓子を奢れば当たりを引ける」なんて考えしかなかったけど（子どもなのでしょうがない。笑）、今では、なぜそれが起こったのかがわかる。

自分が出したエネルギーは、そのまま自分に返ってくる。

怒ったエネルギーを出せば、それがそのまま自分に返ってくるし、笑顔でいれば、笑顔が返ってくる。

「自分がしてほしいと思うこと」「自分が相手にかけてほしいと思うことば」を
自分から先に相手にプレゼントしてあげよう！

それは相手のためでもあるけど、回り回ってすべて自分に返ってくるよ！

腹八分を
こころがける。

Balance yourself.

「腹八分」と聞くと、食事を連想するけど、これは「遊び」「趣味」「お友達との時間」など、暮らしの全般においても言える大切なことだと思うの。

たとえばわたしは、お友達と会う時にも「またすぐ会いたいなぁ〜」と思えるような余白を残すことを意識しています。

時間に制限がないとず〜っとダラダラしちゃったり、一緒の時間を過ごしているのにお互いスマホをダラダラ眺め始めたり。

だからわたしは前もって「2時間」など、時間を決めておくようにしています。「もっとおしゃべりしたい！」そう思う時は時間を延ばせばいいし、きりがいい時はそのまま予定通り2時間で「またね〜！」とお別れする。あえて短い時間に設定しておくことで濃い時間を過ごせるし、腹八分にして余白を残しておくことで「あぁ、楽しかった！　また早く会いたいなぁ〜！」と、また次にお友達に会える日がすごく楽しみになる。

何ごとにおいても、良い距離感、バランスをとることが大切。
「腹八分」を意識してみよう！

「ひとり」を楽しむ。

Enjoy being alone!

「ひとりでなにかをする」って、やっぱり勇氣がいる。
今となってはひとり旅が大好きだけど、20代前半はひとり旅をした時に寂しさを感じることが多かった。

そのお話をある旅人にすると、その旅人がこう言ったの。
「僕はひとり旅がすごく好き。旅先で感じる感情のすべてを独り占めにできる。美しい景色を見て感動した時にその感動を自分の中でぐーーっと感じきることができる。だから、ひとり旅が好き」

このお話を聞いて、当時わたしの中になかった「自分の感情を独り占めにして、感じきる」という素敵な感性が加わった。

今ではぐーーっとこころに湧いてくる感動を、時間をかけ、ひとり思う存分に感じるそんな時間がすごく贅沢で、大好きな時間になった。
昔は、ひとりでレストランや映画館に行くことすらできなかった。

でも、この感性を手に入れたことで、ひとりで何かをすることに尻込みすることが格段に減った。特にひとりで映画を観に行くことが大好きで、誰にも邪魔されることなく、物語の世界に入り込み、ぐっと自分の中に湧き上がる感情を感じきるそんな時間が好き。

誰かと喜びを分かち合うのももちろん大好きだけど、自分の中の名前をつけることのできない一つひとつの繊細な感情を「楽しかったね！」「すごかったね！」ということばひとつで終わらせたくない。だから、映画を観る時は必ずひとりで行き、その後の感情に浸りきった後に、どう感じたのかを後日友人とシェアし合うようにしています。そうすることで自分の感情を大切にしつつも、新たな視点から物事を見ることができたり、新しい発見や学びを得たりすることができる。

以前はひとりでいることで「寂しい人」として見られるんじゃないか、「ひとりでかわいそう」だと思われるんじゃないか、なんて、見ず知らずの誰かの頭の中を勝手に想像して、周りの目を氣にすることがあったけど、結局それは「自分のことをそう見ている自分自身がいただけだった」と、今ならわかる。

みんな自分のことで忙しいから、他人のことなんてまったく氣にもかけていなかったりする。

「自分の感情のすべてを独り占めする」という感性が自分の中に加わってからは、ひとりでいる時間が贅沢な時間に変わり、今ではそんな「ひとり時間」を過ごすことが至福のひとときになっています。

「欠点」は
天からの贈り物。

We are perfectly imperfect.

「欠点」って、天からの贈り物だと思うの。
というより、それが〝欠点〟だと思っているのは自分自身であって、他の人から見たらそれはあなたのチャームポイントかもしれないよ？

わたしのお友達にはおっちょこちょいな人が数人いて、白い服を着るたびにコーヒーをこぼしたり、いつも探し物をしていて、その探し物がものすごいところから出てきたり、リップだと思って口に塗ったらそれがスティックのりだったり（笑）、もう話を聞いているだけでお腹がよじれるし、これを書いている今も思い出し笑いをしています（笑）。

でもね、みんな自分のおしごととなるとすごくプロフェッショナルで、その道を極めているの。そのギャップがめちゃくちゃ魅力的で、一緒にいてすごく楽しい。ドジを踏んだ時に「ほらまた〜〜！」そうやって笑えることに温かな幸せを感じる。

完璧な人間なんていないし、「完璧じゃないからこそ人間」なんだと思う。

人って、本当にパズルのピースのようで、お互いの形が違うからこそぴったりとはまる。そして、そんなたくさんのピースが集まって、ひとつの素敵なパズルが完成する。わたしたちの生きるこの世界って、そんなひとつの大きなパズルなんだと思うの。

わたしの〝欠点〟は「とても繊細」で「敏感」なところ。そんなわたしの日常生活は常にセンサーが張り巡らされているかのようで、様々なことに氣がつく。そんな氣質もあり、最初の頃は常にエネルギーが散漫になっていて、ぐったり疲れてしまうことが多くあった。

今でもそんな自分の氣質に変わりはないけど、昔と違うのは、そこを自分の「チャームポイント／ユニークなところ」として受け入れているということ。

繊細で敏感な分、暮らしの中での氣付きが多く、そんなわたしの氣付きをシェアすると「面白い！」と、お友達や読者さんが言ってくれたり、氣付きが多いからこそ、その学びをもとにエッセイを書くことができていたりする。

自分が「欠点に思うこと」って、生まれ持った「大切なギフト」であり、「大きな武器」でもあったりするんです！　おっちょこちょい「だからこそ」周りに支えてもらえるし、敏感「だからこそ」暮らしの中で様々な氣付きがある。

わたしたちは完璧なまでに完璧じゃない、ユニークで美しい生き物。
完璧じゃないからこそ日々多くの学びがあるし、成長できるし、支え合える！
みんな自分だけのオリジナルの色や形をしていて、そんなわたしたちでこの世界がカラフルに彩られている。

もっとそんな自分を認めて、大切にしてあげよう！
みんな「あなた」という美しくユニークなピースを待っているよ〜〜！

真実を語るのは「口」よりも「行動」

Actions speak louder than words.

「行動」って、何よりも真実を語ると思うの。

決断に迷った時、お友達や家族に相談したり、反対に相談されることもある。

そして、相談をする時って、うっすらと既に自分の中に答えがあるんじゃないかなって思うんです。「決断をするお手伝いをしてほしい」というより、自分の中にある答えに確信を持ちたかったり、そっと背中を押してほしかったりする。


先日、海外へ移住する友人から相談を受けた。「Aの町に行くか、Bの町にするかですごく迷ってるんだけど、アドバイスが欲しいの！」

そんな相談に対し、わたしは「Aの町よりも、きっとBの町のほうがあなたに合っていると思うよ！　Bがおすすめ！」そう伝えた。

すると友人は、「でもBは〜〜で、〜なんだよね。その点でAは……！」というように、わたしがどれだけBの町や、それ以外の候補をあげても、「Aの町のほうが他のどの町よりもどれだけ自分に合っているか」を常に口にしていたの。


そこで、「わたしが何を言っても、あなたはAの町のいいところを伝えようとしているよね！　それがすごく伝わるよ！」そう友人に伝えたところ、友人は「自分がＡの町以外に行かないほうがいい理由を氣づかないうちに並べている」ということに氣がついたんです。そして友人は、そのことに氣がついた直後にすぐ、Ａの町に行くチケットを予約していました（笑）。

やっぱり、誰かに相談する時って、自分なりの答えがうっすらと既にあって、その答えとは反対のことを言われると「でも……!!」そうやって自分の中に既にある答えを守ろうとする。

そして、そのことを指摘されて初めて、自分が無意識にそんな行動をしていたことに氣がつく。もう、そのアクション自体が大きなアンサーなんです！

「○○さんのことなんてなんとも思っていない。好きな人なんていない！」と口では言いつつも、氣づけば目で追っていたり、その人のことを常に考えていたりした経験は誰しもあるはず（笑）。

「自分の答えがわからない」

「相手の本心が見えない」

そんな時は、行動に注目〜〜！

真実を語るのは、きっと「口」よりも「行動」だから！

どんなに
悩んだって、
結局は
やってみないと
わからない。

You never know until you try.

小さなことから大きなことまで、暮らしの中で自分にとっての「正解」を求めて目の前の決断で悩んだりする。でも、結局のところ「正解かどうか」なんて、実際にやってみないとわからない。いざ決断しても「これでいいのか」とまた悩むし、ひとつ乗り越えても、また他の決断に迫られる。

それでも、その時の自分にとってのベストな道を選んで、一歩一歩自分のペースで前に進むしかないんだと思うの。いざやってみて違ったなら、軌道修正して、また他の道を進めばいい。一度その道を選んだからといって、ずっと同じ道を歩かなきゃいけないことなんてまったくない。

道は常に自分の前にいくつも広がっていて、今いる道をそのまま進んでもいいし、立ち止まって休憩してもいい。隣の道に移ってもいいし、自分で新しい道を作ってもいい。いつどんな時だって、自分の好きな道を選べる。

たくさんの情報を集めたって、頭の中でたくさんシミュレーションしたって、結局のところ、答えなんてやってみなきゃ誰にもわからない！　もし選んだ先の道が自分が望んだものじゃなかったとしても、落ち込む必要はまったくない。

だって、「この道じゃない」ってことがわかったんだし、そこで「新たな経験」

ができたんだもん、それだけでとても大きな収穫！　わたしもこれまでに様々な経験をしてきて、すごく恥ずかしい思いもしたし、怖いこともあったけど、結局今となってはそのすべてが笑い話のネタになっている！

初書籍の記念にひとつだけ、道にまつわる旅の笑い話（当時は恐怖で青ざめた）を紹介します。昔マレーシアを旅していた時、サンセットが見たくて、近くの海辺まで歩いていくことにしたの。マップにしたがって歩いていると、徐々に海辺に近づいていて、「そろそろサンセットが見える〜！」とワクワクしていた。

その道を進んでいると、道の先に野良犬数匹が寝ているのが見えた。これまでの経験上、野良犬がいても特に問題がなかったので、氣にせずその道を進むことにした。しかし、わたしに氣づいた1匹の犬が突然立ち上がり、わたし目掛けて吠え始めた。すると周りにいた仲間の犬たちも立ち上がり、合計4匹の犬のギャングがわたし目掛けて吠えながら近づいてきた……。

顔面蒼白で恐怖に震えるわたしは、すぐに来た道を戻ろうとするが、仲間たちの声を聞いたのか、ボスらしき大きな1頭がギャングの群れの反対側（戻ろうとした方向）から登場！　挟み撃ちになったわたしは唇を真っ青にしながら（撮っていた動画を見返すと文字通り真っ青でした。笑）その場を後にしようとするが、ボスが隣に張り付いてわたし目掛けてずっと吠え続けている。持っていたカバンをバリアのようにボスとわたしの間に構え、距離をとりながらそそくさとその場所を離れた。しばらくするとボスも諦め、無事わたしを逃がしてくれた。

以来、野良犬がいるような道は必ず避けるようにしていて、それからこのようなことに巻き込まれたことは一度もない。人生の道ではなく、現実世界の実際の道で、わたしは大きな教訓を得ることができた。野良犬がいる道は進まない（笑）。

新しいこと、未知の世界に足を踏み入れることって、いくつになっても不安になるし、とても勇氣のいること。生きる中で挑戦は常につきものだし、その中で失敗も経験するかもしれない。でも「失敗」って、成功までのただのプロセス（通過点）だし、「未知」だったことも、振り返れば自分が歩いてきた「道」になっている！

「道」になる。

「未知」はいつか

「今、この瞬間」
を感じること。

Live in the moment.

「今、この瞬間を感じる」と聞くと、マインドフルネスや瞑想《めいそう》を連想するかもしれない。わたしも両方実践してみたけど、結局どちらも続かなかった。インドでヨガのクラスに参加した時は、氣づけば瞑想中に寝落ちしていました(笑)。

そんなこんなで「今、この瞬間」を感じることに難しさを感じていたわたし。

そこで見つけたのが「食べる」に集中すること。それはもう文字通り、シンプルに「ご飯を食べる時は、ご飯に集中」たったそれだけ！　ドリンクを飲む時は、ドリンクに集中。スマホを触りながら、テレビを見ながら、そのように「ながら」をしながら飲食をするのをやめること。「ながら」をすると、ご飯の本来の味を感じることができない。

「お腹いっぱいにさえなればいい」ならそれでも正解かもしれないけど、せっかくのご飯、美味しく味わいたいよね？　わたしは玄米が好きなんだけど、口にして、目を閉じて、ゆっくり噛むことで、もう何百倍にも美味しく感じるの！　そして氣づけば、その美味しさを感じている瞬間って、「今、この瞬間」に生きることができているんです！

この前、みかんを食べている時にもすごく感動したの。当たり前の話だけど、みかんの皮を剝《む》くと、そこには実があって、その実にも皮があって、その中には粒々の果肉がギューーっと詰まっているの。いつもなんとなく口にしていたけど、ちゃんと意識を向けることで、こうして食材の美しさに氣づくことができたの。

土に種を植えることで、芽が出て、グングン生長して、最後には実がなる。種を土に埋めるだけで、それが実になるなんてすごくないですか？　しかもあんなに完璧な形で、味も美味しくて、それでいて人間に必要な栄養が詰まっている。そしてその連鎖が途切れないように、実の中にまた種が宿っている。そんな地球の恵みをいただくことで、その栄養がわたしの身体を作ってくれている……そうやって考えを巡らせていると、「こんな奇跡ある!?」と感心している自分に氣づくんです。

「今」に意識を向けることで、氣づけば「感動」していて、そこに「感謝」が生まれる。そして感謝をすることでこころが温かくなり、ふと我に返ると幸せな氣持ちになっている。

「今、この瞬間を感じる」と聞くと、難しく感じるかもしれないけど、今自分がやっている目の前のことに全力で取り組む、そこに100％意識を集中する、そうやって目の前のことに集中していれば、自ずと今を感じることができると思う。

わたしのマイブームはコーヒーを飲む時に、その一口目を感じきること。マグカップの温かさ、香ばしいコーヒーの香り、口にした時の舌触り、鼻を抜けるコーヒーの深み。こうして五感を使って目の前のコーヒーに集中することで、その一杯がとても贅沢なものになるんです。

そして、こうして五感をフル活用して「今」を感じている時って、不思議と時の流れがゆったりするんです。そんな時間が、わたしの至福のひととき。

一度「ながら」をやめて、目の前のお料理や、一杯のコーヒーに集中して、「今、この瞬間」を大切に感じてみましょう！

日記を習慣にする。

Make a habit of keeping a journal.

わたしは日記を書くことが好きで、それを習慣にしてからしばらく経つ。お家を出る時には必ずカバンの中に日記を入れているし、日本に限らず、海外にいる時もその習慣を大切にしています。

リュックひとつで旅をしていると、持っていけるものが本当に限られちゃうんだけど、日記とお氣に入りのペンだけは必ず持っていくようにしている。常に日記に助けられているし、日記と共に成長していると言っても過言ではありません。

そこで、わたしが一番感じている、日記を書く上で得られる幸せを3つ、順番に紹介させてください！

①自分の成長を感じることができる

日記を書くことで、自分の今の立ち位置を記すことができる。前述の通り、わたしは海外を旅する時も常に日記を持ち歩いていて、その国で感じたこと、自分の葛藤《かっとう》、次はどこに行こうか、どのチケットを取ろうかなど、頭に浮かぶすべてを記しています。しばらく経って日記を見返すと、その時ストレスに感じていたことが「今となってはなんともないこと」になっていたりするんです。「あ～、自分ってこういうことで悩んでいたのか」なんて、それについて悩んでいたことすら忘れてしまっていて、日記を読んで初めて悩んでいたことを思い出したり。

わたしが旅の中で一番苦手なのがチケットを選ぶこと。どの航空会社にするか、何時に現地に着くか、値段はいくらかなど、考えることがたくさんでいつも頭がパンクしそうになる。そういう時に、プランA、プランBとすべてを紙に書き出すんだけど、自分のメモを後々見返すと「お〜！　わたしはプランAを選んでここまで来たのか！」そうやって、過去の自分が残したメモを見て、感心して、自然と笑みが溢れる。

というのも、過去の自分が散々迷っていた「未来」が、日記を見返している時には、すでに「過去」になっているから。自分でしっかり決めて、その決めたことに基づいてちゃんと行動したからこそ、今この瞬間、こうして「不安だった未来」を「過去のもの」として見ている自分がいる。そのことに氣づき、ここまで努力を重ねてきた自分が誇らしくなる。そして、他でもない「過去の自分」にとても勇氣づけられるんです。

②過去の自分と今の自分を比べることができる

「他人と自分を比べないこと」って、何度も耳にしたことがあると思う。でも、SNSなどインターネットが発展して、スマホひとつで世界中の人々の暮らしを簡単に見ることができる中で、自分の理想の生活をしている人などを見ると「この人はいいなぁ。どうして自分はこうなんだろう?」そうやって他者と自分を比べてしまうのは必然だと思うの。だからこそ、SNSとの距離感を適度に保つことがとても大切だと思う。

その中で、日記を書くことが上手くバランスを取るひとつの手段だと思っています。①ともつながるけど、日記に「その時思っていること」「その時の自分の状況」などを書き記しておくと、それを後々見返した時に、自然と「過去の自分」と「今の自分を比べている」ことに氣がつく。以前は「大きなチャレンジに感じていたこと」が、今となっては「日常の一部」になっていて、努力しなくても当たり前のようにできていたりする。そういう時、わたしは自分自身の成長を感じてすごく嬉しくなる。人って毎日成長・変化しているけど、少しずつ成長しているからこそ、その変化に氣づくことが難しい。でも、日記にその時々の自分を記すことで、後で見返した時にその変化に氣づくことができる。SNSを見るのも刺激になってすごく楽しいけど、日記を書いて、見返して、自分の成長に氣づくことはその何倍も楽しい！

③自分自身のセラピストになれる

「今自分が悩んでいること」「自分の今の感情」など、頭の中でぐるぐるしていることを書き起こすことで、こころが落ち着く。誰に見せるわけでもないし、話すわけでもないから、自分の頭に浮かぶことすべてにフィルターをかけずに吐き出せる。同じことでも、それを「誰かに話す」となると、少なからず「相手にどう思われるか」を意識してことばを選んでしまうだろうし、「恥ずかしくて言えない」そう思って、自分のことばを呑み込んでしまうこともあると思う。

でも、日記は誰にも見せないから、ありのままの氣持ちを吐き出せる。紙の上に並んだ自分の氣持ちを客観視することで、その氣持ちを違った視点から見れたり、その氣持ちに寄り添ったりして、自分自身のセラピストになれる。

人って、見えないもの（把握できないこと）に不安を感じてしまうと思うの。

暗闇、未来、おばけなど、わたしたちが恐怖を感じるものって基本的に「目に見えないもの」が多い。それは頭の中にある「不安」や「葛藤」も同じ。

それを紙に書き出すことで、「自分が何に不安を感じているのか」「何が怖いのか」を文字として見ることができる。暗闇の中で何かがこっちに向かって吠えていたら恐怖を感じるけど、そこに光が当たり、それが「助けを求める子犬」だということに氣づけば、抱いていた恐怖心もすぐに消えるはず。

見えなかったものが見えるようになることで、自分の中の恐怖心も自ずと減っていくと思うの。「頭の中で考えているだけではわからなかったこと」「見えなかった本当の自分の氣持ち」など、日記を書いていると、自然と手が動き、「あ、自分ってこういうふうに思っていたんだ」「本当はこうしたかったんだ」といった発見も多くある。そして、見えなかったものが見えるようになることによって「じゃあ、それとどう関わっていこうか?」と、その物事とどんなふうに向き合っていくかを考え、具体的に行動することができるようになり、その悩みや葛藤から抜け出せるようになる。

日記を書くことって、本当にセラピーのようで、より深い自分自身とつながるきっかけをくれる。

日記を書くことで、自分自身をより知ることができ、これまで被っていた古い殻を脱ぎ捨てることができ、どんどん身軽になり、さらに美しくなっていく。

そんなさらに素敵な自分へと輝く手助けをしてくれる「日記を書く習慣」を、みなさんにもおすすめしたい。

とはいえ、日記って続けるのが難しくて、挫折した経験がある人もきっといるはず。わたしも3行日記、デジタル日記（スマホやパソコンに書く日記）、3年日記などいろいろやってきたけど、そのどれも上手く続かなかった。

でも、システム手帳を用いることで、楽しく継続できているの。ポイントは、日付など何も書かれていない真っさらな紙を使うこと！

やっぱり、忙しい時には日記を書く余裕がなかったりするんだけど、日付が書いてあるノートだと、書けなかった日のページが空白で寂しそうにしていて、

「ページを埋めなきゃ……」と思っちゃう。日記を書けない日が続くと空白のページが増えて、それを見るとすごく重荷に感じてしまう。でも真っさらな紙だと、そんな負担がなく、自分のペースで続けられるの！

わたしは日記を書く時に、日付（西暦を書くのを忘れずに！　長く続けているといつの年かわからなくなっちゃうから）、その時の時間、書いている場所（カフェの名前など）をまず紙の左上に記して、その隣にタイトルを書いています。

システム手帳は紙が1枚1枚取り外せるからどこでも書きやすいし、必要な分の紙だけ持ち運べるから荷物も減る。紙が汚れてそこだけ捨てたい時、ノートを破くとつながっているページも一緒に外れてしまうけど、システム手帳ならその問題がないのもポイント！

夢や目標、メモを書いたページなど、好きな順番で紙を並べられたりするので、わたしのようにこだわりがある人にもおすすめです！

「幸せ」の定義は自分で決める。

Cherish your own definition of happiness!

わたしは世界各国を旅することが大好き。

でも、ガイドブックに載っているような遺跡を訪れたりお城を巡ったりなど、いわゆる〝観光〟は苦手だったりする。

旅を始めた当初は「〇〇の見どころ」とネットで検索しては、回れるところはできるだけ回っていたんだけど、目的地に到着すると、やっぱり観光スポットなだけに人もとても多く、エネルギーを消耗して毎回すごくぐったりしていました。


「ここに行った！」そうやってチェックリストにチェックマークがついていくのは楽しい。けど、わたしはもっとゆったりとした、「暮らすような旅」が好き。

朝早く起きて、マーケットで美味しい朝ご飯を食べて、カフェに移動してのんびり日記を書く。お散歩をしながら写真を撮って、現地の美味しいグルメを堪能したり、海辺で美味しいワインを飲んだりする。

のんびりと自然の中で読書をしたり、お昼寝をしたりするのも良い。

これが、わたしにとっての観光。

旅はもっと自由でいい。

観光地を巡ってもいいし、巡らなくてもいいの。

最初は「観光名所を訪れていない自分」に焦りを感じたりもした。その土地の多くを見落としてしまっているようで、海外に来ているのに〝観光〟をしていない自分はもったいない時間の使い方をしているように感じていた。ちなみに、現在タイに来てからしばらく経つけど、象も、有名なお寺さえも一度も訪れていません。朝はお氣に入りのカフェでコーヒーを飲みながらゆったり過ごして、お昼は現地料理を食べ、また他のカフェに移動して、おしごとをしたり、読書をしたりして過ごす。夜はナイトマーケットで食事をとり、滞在先に戻り、ゆったり過ごす。毎日こんな生活をしていて、こうして執筆をしながら自分が観光客であることを思い出しました（笑）。


わたしにとっての観光は「暮らすようにのんびり過ごすこと」といった「自分なりの旅の定義」を大切にするようになってからは、以前感じていた焦りもなくなりました。

これは旅に限らず、人生のすべてにおいても同じことが言えると思うの。

「お友達が多いこと」が必ずしも幸せではないし、「ひとりでいるのが寂しいこと」とも限らない。


わたしはたくさんのお友達よりも、自分のことを理解してくれる関係の深いお友達がひとりでもいればそれで十分だし、「ひとりで過ごす時間」が何よりの贅沢で、それが一日の中でとても好きな時間。


世間の定義がどうであろうと、周りが何を言おうと、自分が心地いい自分でいられることが何よりも大切。

「幸せの定義」は十人十色！

そんな「自分なりの幸せの定義」を軸に、今日も幸せに生きよう〜〜！

心地のいい
範囲内で
「いつもと違うこと」
をしてみる。

Try something new within your comfort zone.

自分の心地のいい範囲内で、「いつもと違うこと」をしてみる。

たとえば、いつもの行きつけのカフェではなく、氣になっている隣町の少し離れたカフェに行ってみたり。ひとつ前の駅で降りて、お散歩をしながらお家に帰ったり、いつもと違うスーパーで買い物をしてみたり。

自分の暮らしのルーティン（習慣）から少しだけ離れてみること。

そうすることで、暮らしの中に新しい風が吹き、新たな発見や、インスピレーションに出会えるかもしれない。いつもと違う道を選ぶことで、素敵なカフェ、レストラン、本屋さんなど、こころときめく場所に出会えるかもしれない。はたまた、やっぱり自分の行きつけが一番！　そうやって、今の心地よさを再確認できるかもしれない。


わたしは海外を旅することが大好きで、今は拠点を持たずに、go with the flow（流れに身を任せる）の日々を過ごしている。

そんなわたしの暮らしは「いつもと違うことをしてみる」の連続。一歩日本の外に出ることで、身の回りの環境、文化、言語、関わる人、そのすべてがガラッと変わる。

それこそ、常に「非日常」に全身どっぷり浸かっているわけで、毎日が氣づきの連続。

わたしが今いるタイは年間を通して氣候が温暖な国で、そんな氣候もあってか、現地の方もすごく温かい。そんなタイは別名「微笑みの国」としても知られていて、本当にニコニコしている人が多い。町を歩いている中で、現地の方と目が合うとニコッとしてくれて、町歩きをしているだけで、すごく温かな氣持ちになる。

メキシコは常に賑やかで、フレンドリーで陽氣な人が多く、自然と氣持ちが前向きになるような場所だった。レストランでご飯を食べている時にも、見ず知らずの人がProvecho!（プロベーチョ！）とわたしに言ってくれるのが毎度のことで、最初はどういう意味かまったくわからなかったが、調べてみると「お食事楽しんでね！（Enjoy your meal）」という意味で、知っている人であろうとなかろうと、お互いにそうやって声をかけ合っていた。そしてタイと同様、わたしが笑顔を見せると、笑顔を返してくれる、そんなメキシコの温かな文化がすごく好き。

欧米圏のカルチャーで好きなのは、お店などに入る時に後ろに誰かがいたらその人のためにドアを開けて待っていてあげたり、レストランやカフェなどで食事をした後に「Thank you!」と相手に感謝を伝えてからお店をあとにする文化。

日本では、見ず知らずの人と目が合っても、その人に笑顔を見せるような文化はあまりないけど、わたしはタイやメキシコのそんな温かさが好きで、日本での暮らしの中にも取り入れるようにしています。また、外食した時には、ご飯が美味しかったことを伝え、「ありがとうございます」と言ってからお店を出るようにこころがけています。

反対に、海外に出ることで日本の良さを再確認することもたくさんあり、わたしは「お辞儀（会釈）をして感謝を伝える」そんな日本の礼儀がすごく好き。

欧米圏だと、ギュッと握手をしてお礼を言ったり、元氣良く「Thank you!」と伝えたり、少しダイナミックというか、エネルギーに溢れて見える。
反対に、コクっと頭を下げて「ありがとうございます」と感謝を伝えることに、日本の控えめな感じや、奥ゆかしさが映り、すごく上品で素敵な文化だなぁ、と誇らしくなる。
海外にいる時、わたしは現地語で感謝を伝えるようにしていて、その後に日本語でも「ありがとう」と会釈をしながら伝えるようにしています。

こうして、わたしは「旅」の中で「いつもと違うこと」に触れており、その中で日本の文化の美しさを再確認して有り難みを感じたり、素敵な海外の文化に触れ、それを積極的に暮らしに取り入れたりしています。

やっぱり、「いつもと違うこと」をするうえでの一番のポイントは、「自分の心地のいい範囲内」で行うこと！　心地のいい範囲内にいることで、自分のペースを大切にできるし、自分の中に余裕があるからこそ、「違い」を楽しんだり、学びを得たりすることができる。

反対に、背伸びをしすぎて「心地のいい範囲の外」で「いつもと違うこと」をしてしまうと、こころがワサワサして落ち着かず、「違い」を楽しむ余裕を持つことができなくなってしまう。なので、「心地のいい範囲内」から離れてしまわないように！

「いつもと違うこと」をすることで、「いつもの暮らし」に新しい風が吹く。その中で新たな発見や学びがあったり、今ある環境に感謝が溢れたりと、いっそう日々に輝きが増すのではないかと思います。

ぜひ、心地のいい範囲内で！　トライしてみてください。

笑顔でいること。

The world needs more of your smile!

「笑顔でいること」って、すごく大切なことだと思うの！

でも、落ちこんでいる時は、無理にポジティブになろうとする必要なんてまったくない。むしろ、自分の中に湧き上がる感情をちゃんと感じてあげることが何よりも大切。そして、しっかり感じきってスッキリしたら、あとはニコッとしてみよう！

この世界は「自分が出したエネルギーがそのまま返ってくる」と思うの。タイでは、みんなすごくニコニコしていて、わたしが笑顔を見せると、相手もニコッとしてくれる。そんな素敵な笑顔に、こころがすごく温かくなる。

道端ですれ違う人にニコッとすることで誤解を招くような地域だったり、文化的に目が合った時にニコッとするのが難しい国なども確かにある。そういう時は無理にやらなくてもいい。でも、スーパーやカフェ、レストランの店員さんだったり、日常の中で直接関わる人に笑顔を見せることはきっとできるはず！

誰のためでもなく、「自分のため」に笑顔でいること。
あなたが笑顔でいることで、それを見た人に、また素敵な笑顔が伝染する。そして、周りの人が笑顔でいることで、自分もまた笑顔になる。

自分のために笑顔でいることで、そんなわたしの笑顔を見た人がまた笑顔になるって、すごく素敵なサイクルだと思うの。結局すべてはつながっていて、こうしてお互いに幸せのバトンを渡し合っているんだと思う。

道を歩いていると、嬉しいことがあったのか、すごく良い笑顔でニコニコ歩いている人を見かけたりする。「何かいいことがあったのかな？」そうやってその人の笑顔の理由に思いを馳《は》せていると、いつの間にか自分もニコニコしていたりする。

「笑顔でいること」で、自分では氣づかないうちに誰かを幸せにしていることがあるんだなぁ、と思う。

こうしてことばを綴りながら、また笑顔になっている自分がいる。そんな自分に氣づいて、思わず「ふふっ」と笑ってしまった。

今日もわたしの笑顔を見て、「一日に笑顔がひとつ増えた」そう思ってくれる人がいると嬉しいなぁ。

もしかして今、これを読みながら自然と笑顔になっていたりしない？
うんうん、すっごく良い顔してるよ〜〜！
そんな笑顔のあなたから、笑顔を受け取った誰かがきっといるはず！
笑顔のパンデミック！　最幸〜！

それは、キラキラしたあなたの笑顔。

身に着けられる最高のジュエリー

人生は
レースではなく、
山登り。

You have your own beautiful mountain to climb,
and it's called life.

人生って、「レース」ではなく「山登り」。
だから、焦る必要なんてまったくないの！
「山頂からの絶景を見たい人」「山頂までのプロセスを楽しみたい人」など、みんな自分の目的を持って山を登っている。

だから、前にいる人に追いつこうとスピードを上げる必要なんてないし、隣にいる人に置いていかれないように常に氣を張る必要もない。自分より後に山登りを始めた人に追い付かれないように……！　なんて、焦る必要もまったくないの。

周りのことばかり氣にしていると、自分自身から意識が離れてしまう。自分から意識が離れることで、自ずと自分のペースが乱れ、息が切れて、苦しくなってしまう。そうなってしまっては、自分の周りに広がるせっかくの景色すらも楽しめなくなってしまう。

もう一度言うね？

人生は、山登り！　レースじゃないの。

焦る氣持ちは、きっと自分だけ置いていかれているように感じるから。でも、置いていかれることなんて決してないの。だって、自分の人生を生きているのは他でもない「自分ただひとり」なんだから。

みーんなそれぞれ、「自分だけのオリジナルの山」を自分なりに登っている。みんな自分の目的があって、自分なりのペースで歩みを進めているから、最初から競争のしようがないの。

あなたの目に映る人は競争相手ではなく、きっとあなたの仲間！

そんな仲間があなたよりも先に道を進んでいたなら、それがあなたの道しるべになるかもしれないし、険しい道ではあなたの手を優しく引いてくれるかもしれない。

わたしたち一人ひとりにできるのは、山頂を目指して自分なりに歩みを進めること。

時には立ち止まって、周りに広がる草花や自由に舞う蝶々など、周りの美に目を向けることも大切。前を見ることだけに集中するがあまり、足元に咲く美しいお花を見落としてしまっているかもしれないからね！

山頂を目指して、自分のペースを大切に一歩ずつ登り続けること。

近くに仲間がいたら、お互いに声をかけ合って、励まし合うこと。

自分の心地いいペースを大切に、周りの景色を楽しみながら、ゆったり一歩ずつ前へと進もう！

山頂がずっと遠くに見え、前に進んでいないように感じることもあるかもしれないけど、後ろを振り返ればそこにはあなたが進んできた道がたしかにあって、素敵な景色がきっと広がっているよ！

「あぁ、贅沢」
と口にしてみる。

Feel grateful
for the little things in life.

わたしのお氣に入りの魔法のことばがある。
そのことばを唱えると、自然と感謝が溢れてくるの。

そんな魔法のことば。それは、「あぁ、贅沢」。このことばを口にすることで「なぜ贅沢なのか」を脳がフル回転して見つけ出してくれるの！

今、タイのカフェであま〜いタイティーを飲みながらこの文章を書いてるんだけど、タイティーを口にした時に「あぁ、贅沢」と口にしたの。
そうすると「氷が入っている」「飲みやすいようにストローがついている」「心地いい席でティータイムができている」「日本を飛び出してタイに来れている」そうやって次々に「なぜ贅沢なのか」の「答え」が湧き上がってきたの！

でも、もし「あぁ、贅沢」と口にしていなかったら、「アイスティーなんだから氷が入っているのは当たり前」「アイスだもん、ストローがついているのは当たり前」なーんて、すべてを〝当たり前〟のように捉えていたかもしれない。なんならそれが〝当たり前〟すぎて、そんなことにすら氣づかなかったかもしれない。

この魔法のことばを口にする前は、「これ（ドリンク）ちょっと氷多すぎだなぁ〜」なんて思ってたし、ストローの存在さえ危うかった（使っているくせに）。

「あぁ、贅沢」と口にすることで「当たり前のようでそうじゃないこと」に氣づき、感謝することができる。


「なんだか日々が味氣ないなぁ〜」「最近なんだかついてないなぁ〜」そう思うことも日々の暮らしの中できっとあるはず。

そういう時こそ、この魔法のことばを口にしてみよう。


日々の暮らしが味氣なく感じるのは、〝当たり前〟のことがいつも通り〝当たり前〟に機能してくれていることに氣づけていないからかもしれない。

体調を崩して初めて健康の有り難みを再確認することって、誰しも経験したことがあるはず。〝当たり前〟を失って初めて、それがどれだけ尊く、文字どおり

〝有り難い〟ことだったのかに氣づくことができる。

「あぁ、贅沢」

そう口にすることで、そんな〝当たり前〟と思っていることに意識を向けることができ、そこから感謝のこころが生まれる。

健康だからこそ旅ができる。味がするからこそご飯が楽しい。目が見えるからこそ世界の絶景や、好きな人の笑顔を見ることができる――。

今この瞬間、そんな魔法のことばを口にしてみよう。

様々なものに支えられながら生きていることを実感し、きっと、じんわりこころが温かくなるはず。

あぁ、今日も贅沢だなぁ〜〜。

手放す。

Let go.

自分に合わない環境で、自分の苦手を克服しようとするより、自分にピッタリの環境で自分の得意を伸ばすほうがわたしは好き。「すぐやめてしまうこと」が美徳とされない世の中に感じるけど、合わないと思うんだったら、すぐにその場から離れても良いと思うの。自分に合わない環境でストレスを溜めながら、辛抱強く努力をすることで、確かにそこから学べることも多くあるかもしれない。もしそれが憧れの環境で、その場所で努力をすることに意味を見出せるなら、それもすごく素敵な選択だと思う。でももしそうではないなら、その環境を手放し、自分がより輝ける場所へと移るほうが、より幸せになれると思うの。

わたしは学生の頃、数ヶ月間海外でインターンシップをしたことがあるんだけど、そのインターンシップ先が自分にまったく合わず、つらい時間を過ごした。同僚のみんなはすっごく優しくて、何かあったらいつもサポートしてくれる本当に素敵な方たちだった。ただ、仕事内容はもちろんのこと、左右前後、机がぎゅっと並べられた小さなオフィスの中で、与えられた仕事だけをこなすという環境が、自分にとっては耐えがたいものだった。もしすぐにその環境から離れることができていたなら、わたしはすぐにその職場を離れていたはず。しかし、インターンシッププログラムを利用して現地に行かせてもらっていたため、「ただ自分に合わないから」という理由で、すぐに環境を変えることができなかった。

どれくらいつらかったかというと、わたしは人生で一度も仮病を使ったことがなかったのに、たったの1日だけではあるが、風邪をひいたと嘘をついておしごとを休み、一日中ベッドの上で過ごしたことがあった。そうでもしないと「こころが壊れてしまう」そう感じての行動だった。ストレスで睡眠も常に浅かったのか、仕事中もずーっと眠かった。トイレに行ってくると同僚に伝え、個室のドアを閉め、魂が抜けたかのようにただただただぼーっとしたり、仮眠を取ることもあった。そうでもしないとやっていけなかった。

朝起きた瞬間に、どんな理由で会社を休もうかと考えながら、とりあえず歯を磨いたり、服を着替えたりして、氣づけば会社に向かっていた。このインターンシップ先は興味のあった分野で、自分が選んだもの。しかし、実際に試してみるまでは、その業種や働き方が自分に合わないなんてまったく想像もできず、ただただ「挑戦してみたい!」と飛び込んだ環境だった。つらい期間だったけど、挑戦したことへの後悔は一切ないし、挑戦した自分を誇らしく思う。そして、このすごく貴重な経験があったからこそ、自分に合わない環境や職種を知ることができた。

「自分に合わない」「メンタルがつらい」そう思う環境からは、できるだけ早く離れることが大切だと思う。意外と、自分に合わないものこそ「適応できていない自分が悪い」「もっと自分が頑張るべき」そうやって自分に言い聞かせて、上手く手放せていないように感じる。やっぱり手放すことにもすごく勇氣がいる。「今ある不満」より「未来の不安」のほうが怖いから、「苦しいけど歯を食いしばって頑張ろう」そうやって手放せない自分が過去にもたくさんいた。

自分に合わない環境から学べることももちろんあるけど、自分がのびのびと力を発揮できる分野で、自分に合う環境で努力するほうが絶対に良い。

インターンシップもなんとか無事終わり、日本帰国後に就活もしてみたが、やっぱりこころがまったくワクワクせず、それもすぐにやめた。

卒業して新卒で就職することが世間の美徳とされているように感じていたし、周りが卒業後の進路が決まっていく中、焦る氣持ちも少なからずあった。一度は就職してみたらどうかと周りに言われたが、わたしは自分のこころにしたがい、そんな〝社会のレール〟から外れて生きる道を選んだ。そのおかげで、これまでにたくさんの国を旅することができたし、就職なんてしなくとも、今現在まで何不自由なく楽しく暮らせている。

就職している人は「社会人」、アルバイトで暮らしてる人は「フリーター」と呼ばれ、「いい年してフリーターをして……」なんて声も世の中にはあるけど、働いて誰かのためになっている点において、「就職」と「アルバイト」に何の違いがあるのだろう？　どちらも同じくらい大切なおしごとだと思う。そして、どうせやるなら楽しいほう、自分がより活躍できるほうを選びたい。わたしたちは「生きるために働く」のであって、「働くために生きているわけではない」ということを今一度しっかり確認したい。

わたしはアルバイトをしながら、貯めたお金で世界を旅して回った。そして、その中で得た学びを配信していたことで、とても有り難いことに、こうして本を出させていただくことにもなった。やっぱり、自分が好きなことをのびのびとしているのが一番だと思う。社会をより良くするのは、みんなが「好きなこと」「得意なこと」をやることだと思う。そうすることで自分を満たすことができるし、自分が満ちていることで、相手も満たすことができる。逆に、自分に合わない環境に身を置くことで、心身ともに疲れ、自分だけで精一杯になってしまう。他者のことを考える余裕もなくなり、優しい自分でいられなくなってしまう。

合わない環境に無理に自分を合わせる必要なんてまったくない。どのピースとも形が合わないパズルの中にどれだけ長い時間いても、そこにピッタリとはまる日はきっと来ない。自分に合う環境かそうじゃないかは、実際に飛び込んでみないとわからないけど、飛び込んだ結果「違う」とわかったなら、勇氣を振り絞ってその環境を手放そう。When one door closes, another door opens. ひとつ扉が閉まることで、また新たな扉が開く。手放すことで、その空いたスペースにまた新たな始まりを迎え入れることができる。

終わりは、新たな始まり！　あなたなら、きっと大丈夫。

ことばは、魔法。

You become what you believe.

「自分自身に対してかけていることば」に応じて、現実が創られると思うの。

「わたしは美しくない」「お金がない」「ついてない」

そんなことばを発していると、脳がリクエストに応えて、その通りの現実を全力であなたのために探し出してくれる。そして「はい！ あったよ、頼まれてたやつ！」そう言って、そんな現実を目の前に持ってきてくれる。

「身の回りの赤いものを探してください！」そう言われたら、頭フル回転で周りを見渡して、赤いものを探し出して「あった‼」と言うはず。それと同じ。

意識を向ける先で、見える世界が変わる。

「今日もわたしは美しい！」「夢が叶っています」「たくさんのお金に恵まれています」「今日も健康です」「わたしは愛されています」

わたしはそんなふうに、毎朝身支度をする時、鏡の中の自分に向かって、「自分が喜ぶことば」や、「叶えたい理想がすでに叶ったかのようなことば」をかけています！

まだ自分の中で１００％信じきれていないことばに対しては、やっぱり少しモゾモゾしちゃう。だけど、自分が発する「ことば」で「現実」が創られていくとわたしは思うの。だから、「ことば」を先に出すようにしています！

You become what you believe.
あなた自身も、人生も、自分が信じた通りになっていく。
そう思うの。

鏡を見るたびに「美しいね〜〜！」そう自分自身に伝え始めた時のこと。
それをしばらく続けていると周りのお友達に「なんか、美が増してる……！」そう言われることがすごく増えたの（もちろん、わたしが鏡に映る自分に向かって「美しい」と伝えていることは誰も知らない……！）。
海辺でリラックスしていると、なんと、人生初！　ナンパもされたり（笑）。

その時、「ことばの力って本当にすごいなぁ〜！」と思ったの。

もし、「恥ずかしすぎて自分自身にそんなこと言えないよ〜！」と思う方は、「自分が大好きな人に対してどう声をかけるか」を考えてみるといいかも。

大好きな人に対して「ブス」「貧乏」「あなたの夢なんて叶わない」なんて、そんな悲しいことばは絶対にかけないはず。

大好きな人なら優しいことばで包み込んであげたいはず！

それを、自分自身にもしてあげよ？

ことばは、魔法。

自分が唱えた魔法に応じて、その現実がやってくる。

今日も素敵な魔法を自分にたくさんかけてあげよう！

「あいさつ」を大切にする。

Radiate good energy!

これはわたしの感覚的なお話になるんだけど、「あいさつ」って、場をクリアにするおまじないのように感じるんです！

たとえば、職場に着いて「おはようございます！」と元氣良くあいさつをすると、自分のエネルギーが声に乗って場に行き渡る感覚というか、そのエネルギーで邪氣を払うような、いらないものを寄せつけないような感覚というか。

「あいさつ」はもちろんマナーとしてもとても大切なことだけど、自分の身の回りのエネルギーを清めるためにも大切なことだと感じるんです。

わたしはひとり暮らしをしている時も、家を出る時は「行ってきまーす！」帰ったら「ただいまー！」と言っていました。車に乗る時も「今日も安全運転、無事故で無事に！　よろしくねー！」と、必ず車に言うようにしています。

レストランに入った時に、目を見て「いらっしゃいませ！」と言って出迎えてくれるところと、目が合っても何も言わないところとでは、やっぱり前者のほうが氣持ち良い時間を過ごせるはず。入店した時に何も声かけがないと「あれ？営業しているよね？　大丈夫かな？」と不安になってしまう。

そんなわたしのこれまでの経験だと、やっぱり「あいさつ」が素敵なお店は氣の巡りがよく、その反対のお店はなんだか空氣が滞っているような、暗くズーンとした雰囲氣を感じるの。

これは人でも同じで、これまでにいろいろな職場で働いてきたけど、「あいさつ」がしっかりできる人は覇氣があり、素敵なエネルギーに満ちていました。そして、「類は友を呼ぶ」のことばにある通り、良いエネルギーを常に出しているからこそ、その周りに集まってくる人もみんな素敵な氣を持った人たちでした！

これはSNSでも同じで、愛のある発信には、愛が集まる。

わたし自身、ポジティブな発信を常にこころがけているからこそ、わたしの発信をいつも見てくださっている方は皆さんこころ優しい方で、そのおかげでわたしのSNSはいつも温かさで溢れています。

こうして、今この本を手に取ってくださっている読者さんもすごく温かな方々だと思うんです。それはわたしが温かさを込めてこの本を書いているから。

この本で繰り返し伝えていること。

この世界はきっと、自分が出したエネルギーが返ってくるようにできている。

元氣良くあいさつをすることで良いエネルギーを発することができ、そのエネルギーに惹きつけられて同じ仲間（良いエネルギー）が集まってくる。そうやって、常に良いエネルギーを自分から発することによって、人生がより良いものになるのではないかと信じています。

「あいさつ」は、マナーや相手への敬意を示す大切な行為だけど、実は、一番は自分自身のためかもしれないですね！

自分を護ってくれるお守りのような、幸運を呼ぶラッキーアイテムのような、そんな「あいさつ」を、これからも大切にしていきたいと思います！

「何を伝えるか」より
「何を伝えないか」

What not to say is more important than
what to say.

お友達が今日何をしたのか、世界中の人がどう暮らしているのかなど、スマホひとつあれば簡単にわかるような今の時代。

そんな便利な世の中になった今こそ、そうしたテクノロジーと上手くバランスを取ることがとても大切だと思う。


そこで、わたしがすごく氣をつけているのが「何を伝えるか」よりも「何を伝えないか」ということ。

今の世の中、自分の日常・頭で考えていること・感情など、共有しようと思えば身の回りのすべてを世界中の人たちにシェアすることができるようになった。

そしてSNSを見ていて、わざわざネットで伝えなくてもいいこと、自分の中にしまっておいたほうがいいことをシェアしてしまっている人が多いように感じる。


わたしも、以前は自分の感じるままにSNSで様々なことをシェアしていたけど、むやみに自分の感情や私生活をシェアすることをやめた。

自分の中に湧き上がる感情ってものすごく繊細で、大切なもの。

そして、その感情はどんなに上手くことばで伝えようとしても、画面を通すことによって、その向こう側の人にちゃんと届かない可能性もあるし、自分が思った意図とは違う解釈をされてしまうことだってある。

そんな自分の大切な感情が、ネットを介すことによって失われてしまうことに寂しさを感じるの。

だからこそ、SNSに何かを投稿しようとした時に、「これは世界のみんなと共有したいこと？　それとも、自分の中だけに大事にしまっておきたいこと？」一度、はやる氣持ちをおさえて、自分自身にそう聞くようにしています。

日々、わたしがネットで共有している「暮らしのこと」「日常の歓び」そして「大切な学び」は、自分自身にとってもすごく大事なもの。「世界のみんなと共有したい」「未来の自分にも残しておきたい」そう感じる大切なことばや写真に、丁寧に、そしてじっくりと時間をかけ、命を吹き込んでいます。

そして、そんな大切な物事の中でも、これは自分の中だけに大事にしまっておこうと思う経験や、思い出などもある。もし、どうしてもそれらを外に出したい！となった場合は、それを日記に書いたり、すごく仲の良いお友達に直接聞いてもらったりしています！

自分に湧き上がる生の感情はとてもピュアで、キラキラしていて、宝物のように大切なもの。だからこそ、大切に、大切に、扱ってあげる必要がある。

ネットを通して、良くも悪くも、見えなくても良いものが見えるようになった現代。一度ネットに載せたものはタトゥーのように一生消えないし、どこにいても自分に付いて回る。

これはネットだけでなく、リアルにおいてもまったく同じことが言える。

自分が発することばが、「良いことも、何氣ない一言も、相手のこころに残り、一生消えることがないかもしれない」ということを、今一度、強く意識したい。

「何を伝えるか」より「何を伝えないか」。

「わたしなりの贅沢」を日常にちりばめる。

Add a sprinkle of happiness and light up your day!

生活をより心地よいものにするために、こころがけていることがある。それは贅沢だと思うことを暮らしの中にちりばめること。ここで言う「贅沢」は、世間一般で言う「高い買い物をする」「高級ホテルに泊まる」というような贅沢ではなく、「自分なり」の贅沢。言い換えると、自分の氣分が上がる、またはこころがキュンとすること。わたしの場合、「カラッと晴れた日に窓の外を見ながらゆったりとお昼寝をすること」がそんな贅沢のひとつ。「せっかく晴れてるんだから、外で何かしたほうがいい」そう思ったりもするけど、あえてお家でゆったりと過ごす。冷房を入れて、日の光を浴びながら心地よくお昼寝をする。それがわたしにとってたまらなく贅沢なひととき。

カナダに住んでいた時にすごく好きでやっていた贅沢は、ワインを持ってピクニックに行くこと。わたしがいたバンクーバーは、湖、海、緑豊かな公園などが多く、街と自然が調和した素敵な場所だった。原っぱにピクニックシートを敷いて海を前に、読書をしたり、日記を書いたりしながらワインを嗜《たしな》む。スーパーで買ったなんてことないワインだったけど、それがまた格別だった。

「夜に過ごすカフェでの時間」も、自分の中ですごく贅沢だったりする。毎朝のカフェでのひとり時間もわたしなりの贅沢なひとときだけど、さらに贅沢なのが、夜のカフェに行くこと。夜のカフェ（特に夕飯時）は人が少なく、落ち着いていて、大人の雰囲氣の中でゆったりと過ごすことができる。そんな夜の時間に、自分の将来の夢や目標に向かって努力を重ねる、そんな自分自身も好きだったりする。

時計やブランド品など、高価でラグジュアリーなものも良いけど、自分の氣分が上がったり、内から幸せが湧いてくるような自分オリジナルの贅沢を暮らしの中にちりばめることがすごく好き。そんな「贅沢」を暮らしに取り入れることで、日常がキラキラしたものになるの！　みなさんも「わたしなりの贅沢」を書き出して、すぐにできるものはどんどん暮らしに取り入れてみよう！

◎わたしの贅沢リスト

・温かいハーブティーを飲みながら、チョコレートをちびちびつまむこと
・ワインボトルを片手にピクニック
・食事に集中すること（「ながら」をしない）

・一杯のコーヒーに集中すること（「ながら」をしない）
・上質なお塩をお料理に使うこと
・裸足で自然を感じること
・朝一／夜に過ごすカフェでのひとり時間
・カラッと晴れた日にあえて家の中でゆっくり過ごすこと
・ふかふかのお布団でお昼寝
・観葉植物をお迎えすること
・ホットコーヒーを飲みながら夜にドライブをすること
・アラームを設定せずに眠りにつくこと
・お氣に入りのドラマをビンジウォッチする（まとめて観る）こと
・アロマやお香をたくこと
・ゆっくりお風呂に浸かること（アロマオイル、お塩、酒を入れたり）

今を生きる。

Be in the moment.

動画メディアが普及して、Vlog（暮らしの様子）、モーニングルーティンなど、世界中の人に自分の暮らしの様子をシェアできるようになった。わたしもVlogなどを撮影することがあるが、氣づけば、「生活を撮影する」はずが、「撮影するために生活する」ようになってしまっていたことがある。

以前インドを旅した時、北部のラージャスターン州を訪れた。ラージャスターン州はインドで一番大きな州で、西には大きな砂漠が広がっている。そこからガンジス川で有名なヴァーラーナシーや、ヨガの聖地・リシケシュなど、他州の町にも足をのばした。特にラージャスターン州は、行き交う人々のエネルギー、人・動物・車、そのすべてがひとまとまりに行き交う路地、鳴り止まないクラクションとどこからともなく聞こえてくるマントラ、高くそびえ立つ美しい砦《とりで》……など、圧倒的な情報量に目も耳も足りないと思うほどで、現地に降り立った瞬間から圧倒された。

そんな美しい異世界を旅する様子をYouTubeに載せたくて、逐一カメラで記録していた。Vlogの他にも、ブログ用の写真も撮りたかったので、動画も撮りながら、同時に違うカメラで写真撮影もしていた。そして、Instagramにもその旅の様子をリアルタイムでシェアしたくて、すぐ投稿できるようにスマホでも撮影していた。旅の様子を撮影することに必死で、カメラ2台とスマホを取っ替え引っ替えして、常に忙しい状態だった。

「現地を肌でたっぷり感じること」がインドへ来た旅の目的だったのに、氣づけば撮影することに自分のエネルギーを注いでいた。

ダンスショーなどを見ている時も、そのショーを直接自分の目で見るのではなく、カメラやスマホの録画画面越しに見ていることに氣がついたの。街歩きをする自分の様子も動画に収めていたんだけど、常にカメラに向かってしゃべりながら歩いていたので、きっとたくさんの風景を見落としていたと思う。

もし、「動画を撮るため」にインドに行っていたなら、それは大正解だったかもしれない。だけど、わたしはただただ現地を旅して、その土地の空氣を肌で感じたかった。それがわたしの一番の旅の目的で、そこからずれていることに氣がつき、一番の目的に集中するために、動画の撮影をやめた。

完全にやめたというより、「ここでは動画を撮ろう」「ここでは撮らずに、この瞬間を全力で楽しもう！」そうやって、しっかり目的とのバランスを考えるようにした。今でもこのスタンスは変わらず、バランスを大事にSNSと向き合うことを意識しています。

そうやってSNSとの付き合い方をしっかり考えるようになってから、「なんだか違和感がある……」暮らしの中でそう思うことも増えたように感じるの。

例を挙げると、コンサート会場で、スマホを高く掲げ、常に動画を撮っている光景。今ではその光景が当たり前のようになっているけど、スマホが普及する前の時代のコンサート風景の写真を見ていると、観客みんながアーティストのことを熱い眼差しで見つめていて、こころと身体全部でその瞬間そこにいることが写真からでもすごく伝わってくる。今のコンサートの様子を見ていると、SNSにライブの様子や自分のリアクションを載せるために動画を撮ることで忙しいように見える。
実際、わたしも憧れだったアーティストのコンサートに行った時に、思い出に残したくて、たくさん動画を撮った。でも、わたし個人の話だと、コンサートの様子をSNSに一度載せただけで、それ以来撮影した動画を見返したことって、実はほとんどないの。

そんな動画を撮ることに集中するよりも、「その場にいたその瞬間をもっと大切にすればよかったなぁ」と、今では思ったりする。もちろん思い出になるから、大切な部分は動画にも残しておきたいけど、すべてを残そうと躍起になるのはなんだかもったいない氣がする。なんでも「記録」に残せる時代だけど、「記憶」に残すことのほうが、大事なことってきっとたくさんある。

SNSを見ていると、お友達と再会する時にも、お別れする時にも、ご飯を食べる時にも、自分が泣いている時でさえも、常にその様子を撮影している人が少なくないように映る。決してそれが間違っているというわけではないし、わたし自身、SNSを通してみんなと喜びを分かち合いたい瞬間が生活の中にたくさんある。でも、それを「ネットでシェアするためだけ」に「今この瞬間」にいられなくなってしまうのは少し悲しい。

もしそれにワクワクしていたり、意義を感じていることなら、それもすごく良いと思う！　でも、もし「暮らしのすべて」を写真や映像に〝とりあえず〟残していたり、自分の人生を自分の目ではなく、録画画面を通して見ているように感じているなら、一度スマホを置いて、こころと身体で「今この瞬間」にいる時間を少しでも多く作ることをおすすめします！

まずは、自分の人生を目一杯、全力で生きること！

SNSにあげる動画なんて、それを伝える手段でしかない。常に目的を意識し、手段と混同してしまわないこと。

「今この瞬間」をしっかり生きよう‼

できる、できる、
できる、できる!!!

Be your own angel!

ふわっと空を飛んだような、天使に背中を押されたような、あの時の感覚を20年以上経った今でも覚えている。

幼い頃、小学校の公園でよく遊んでいて、そこにはたくさんの跳び箱が並んでいた。最初の一段が一番小さな跳び箱で、そこから徐々に大きくなっていくものだった。最後の一番大きな跳び箱がどうしても跳べなくて、何度挑戦しても上手くいかなかったが、それでもめげずに挑戦した。

誰に習ったのか「できる、できる、できる、できる！」そうやって、おまじないのように自分に言い聞かせながら、最後の跳び箱を見つめるわたし。助走をつけ、いざジャーーンプ！

するとおもしろいことに、いつもより長く宙を跳んでいる自分に氣がついた。それこそ天使に背中を押されたかのようで、一番大きな最後の跳び箱をふわりと跳ぶことができた。

何かに挑戦する時に「絶対上手くいかない」「絶対失敗する」そう思った経験はないだろうか。でも、その〝絶対〟って、何を根拠に〝絶対〟なんだろう？

どうせ根拠がないなら、「絶対できる！」「絶対成功する！」のほうにわたしは賭けたい。


そうは言いつつも、何か新しいことに挑戦する上で、やっぱり「上手くいかなかったらどうしよう」と、悲観的になってしまう時がある。

これがあなたの大好きなお友達だったらどうだろう？

お友達から「〇〇に挑戦しようと思っている」と聞いたら、「絶対にできるよ！」「あなたなら絶対大丈夫！」そうやって優しいことばをかけてあげるはず！

でも、いざ自分のこととなると「わたしはこれができていない」「どうせ上手くいかない」など、ネガティブなことばをかけていないだろうか？


大好きなお友達を大切に扱うように、自分自身に寄り添ってあげよう。

わたしも「悲観的になった時」や、「わたしにはできない」ということばが頭をよぎった時は、あの頃の経験を思い出して「できる、できる、できる、できる！」そう唱えて、自分自身を鼓舞しています！

今思えば、幼きあの頃のわたしの背中を押してくれた天使は、きっと、他でもない「自分自身」だった。

「お前にはできない」そんな声に耳を傾けないこと。
わたしたちはいつだって自分自身の天使になれる。
飛べると思ったら、今すぐにでも飛べる。
だって、もうすでに背中には羽がついてるんだから！
あとは自分自身を、自分のことばを、信じるだけ。
あなたなら、絶対、絶対、大丈夫!!!
できる、できる、できる――――!!

いろんな顔が
あっていい。

We are full of colors
and every color is beautiful.

人って、いろんな顔があっていいと思うの。

というより、いろんな顔があるのが当たり前だと思う。

家族の前、友達の前、先生の前、恋人の前での自分など、すべて「わたし」というひとりの人間だけど、場面や一緒にいる人に応じて、きっと自分の顔を使い分けて生活しているはず。


わたしは、動画の中でお話をする時はエネルギーに満ちていてはつらつとした感じだけど、執筆をするとなりいざペンを握ると、執筆家の自分の顔に変わる。

動画の中での自分を太陽とすると、文章を書く時のわたしは月のよう。

また、わたしは普段ひとりで過ごすことが多く、クラシックやヒーリングの音楽を聴きながら読書をしたり、日記を書いたりと、ひっそり静かに過ごすのが好き。でも、お友達とお祭りに行ってワイワイしたり、歌って踊って、美味しいお酒を飲むのも好き。家にいる時になんだか踊りたい衝動に駆られることもあり、そんな時は、ラップミュージックやヒップホップに合わせて息が切れるまで踊ったり、車で熱唱することもあります（笑）。

同じ場所でも朝と夜で世界の見え方が違うように、わたしもTasuku.であることになんの変わりもないけど、その時々によっていろんな自分がいる。

以前は、こうして様々な顔を持つ自分に「わたしは嘘をついて生きているのだろうか？」「嘘の自分を演じているのだろうか？」そう思い、後ろめたく感じてしまうこともあった。

でも、冒頭でも言った通り、わたしたちは社会の中で、一緒にいる人や場面に応じて様々な顔を使い分けて生活している。「笑ってほしい」「元氣を届けたい」など、見た人に幸せになってほしいという氣持ちが強く、動画の中ではポジティブバイブス全開のわたし。でも、根はとーっても繊細で、敏感だったりする。初対面の人とお話をするのも緊張しちゃったりして、「Tasuku.さんって、実際は意外と静かなんですね……！」そう言われることも多々ある。

朝と夜があるからこそ一日一日が美しく尊いように、陰と陽の自分がいるからこそ、「わたし」というひとりの人間がより光り輝くと思うの。

よくよく考えてみると、自分の顔を場面に応じて使い分けないほうが、むしろ少し変わっているのかもしれない。子犬のような目をして、恋人にかけるような甘い声で上司に話しかける人はきっといないし、自分の子どもに話しかけるように、お友達とお話をする人もきっといないはず。

場面や一緒にいる人に応じて、いろんな自分の顔があることって普通のことだと思うし、それが人間らしくて良いと思う。

シチュエーションや一緒にいる人によって顔が変われど、どの顔もすべて「自分」であり、そのどれもが美しいことに変わりはない。

これからも、そんな一つひとつのユニークな自分を大切に、日々を過ごしていきたい。

生まれてきてくれて、ありがとう。

誰が何を言おうと、
どんなあなたも美しく、尊い。

褒めことばを
プレゼントする。

Spread happiness!

「かわいいお洋服ですね」「笑顔が素敵ですね！」「素敵な接客ですね」など、自分がいいと思ったことは、どんどん相手に伝えよう！

わたしもこれまでに、カフェやレストランなどで、「笑顔が美しいですね」「オシャレですね」など、その時初めて会った方に褒めことばをいただいたことが多くある。

特に英語圏だと、初対面であっても相手に対して、自分が「素敵！」と思ったことをさらっと伝える文化があるように感じる。

留学や旅をしたり、海外で働く中で、相手に対して褒めことばをシンプルに伝えるこの文化がすごく好きになった。

それからはわたしも、日本にいても、すごくいいと思ったことは、ちょっぴり勇氣がいるけど、相手に伝えるようにしています！

以前、NZに住んでいた時のお話。

レストランでご飯を食べていたんだけど、目の前のテーブルに女の子が座っていて、食事が終わった後にわたしのテーブルにやってきて、紙ナプキンをわたしに手渡したの。

そのナプキンを見てみると、「You are so f**king gorgeous!」（Fワードは伏せています。笑）と書かれていて、すごく嬉しくなった。わたしがメッセージを読んだ頃には、その子はもうお店の外に出ていて、レストランの窓ガラス越しに「Thank you!」と伝えた。

その子のおかげで一日がよりハッピーなものになったし、そのことを思い出した今でもすごく幸せな氣持ちになる。

そして、そんな嬉しかった出来事をシェアしたくてSNSに投稿すると、「お話を聞いてこころが温かくなりました！」といった、たくさんのハッピーなメッセージが寄せられたの。

目の前のひとりの人を幸せにすることによって、またその人が他の誰かに幸せをバトンパスして、幸せの連鎖がどんどん広がっていく。

それってものすごくピースフルなことで、尊いことだなぁ、と思うんです。

見ず知らずの相手に自分の思ったことを伝えるってちょっぴり勇氣がいるけど、その小さな勇氣が誰かの大きな幸せにつながって、その幸せがまた他の人へとつながっていく……。

そうやって、幸せの種を周りにまくことで、次第に花を咲かせ、世界がより美しく彩られていくと思うんです。

きっと「平和」って、こうして目の前の人を幸せにすることから始まる。

ちょっぴり緊張しちゃうかもしれないけど、相手に素敵なことばを贈ってあげよう！

相手の一日だけでなく、きっと自分の一日も素敵なものになるはず！

褒めことばは喜んで受け取る！

Show how happy you are

when you get a compliment!

褒めことば、ちゃんと受け取れているかな？　褒めことばをいただいたら「いえいえ、そんなことないですよ〜」と謙遜するより、「わ〜本当ですか！　ありがとうございます！」そうやって喜んで受け取るほうが、相手も氣持ちがいいんじゃないかな？　と思うんです。私自身、「美しいですね」「オシャレですね」などと言ってもらえた時、照れくさい氣持ちもありながら、「すごく嬉しいです！ありがとうございます！」と、感謝を込めて、素直に受け取るようにしています。

褒めことばは相手からの大切な贈り物のひとつで、たとえば「あの人にピッタリ！」と選んだ花束を相手に渡した時、「こんな素敵なお花、美しすぎてわたしには受け取れません」そう言われたら、「せっかくあなたのために選んだのに〜！（ウルウル）」と寂しくなってしまう。逆に「わー！　すごく綺麗なお花！　ありがとうございます！」そう反応してもらえるとものすごく嬉しいし、「贈り物をしてよかった！」とこころから思う。

謙虚であることもすごく素敵だけど、それと同じくらい、相手が贈ってくれたことばに「素直に喜ぶこと」も大切だと思います！　受け取り手がいてこそのコミュニケーション。褒めことばは大切に受け取ろう！

インスピレーションを大切に。

Inspirations are treasure
for your future self.

インスピレーションって、突然自分に降りてくるサプライズギフトのようなものだと思うんです。そんなインスピレーションは、流れ星のように「ピカーーン！サーーッ！」といきなり降ってきては、すぐに消えてしまう。

「後でメモしよう！」そう思っても、メモしなきゃと思い出した時には、もう何のひらめきがあったかを思い出すことができない。

だから、まだ星が見えるうちに、キラキラしているうちに、残しておく必要がある。そんなインスピレーションは日常の中に常に降り注いでいて、街を歩いている時、シャワーを浴びている時、本を読んでいる時など、いろんなタイミングで突然やってくる。

インスピレーションが降りてきたら、わたしはどんな状況でも、その時やっていることを一度ストップして、そのすべてをメモするようにしています。

インスピレーションは、未来の自分への大切な贈り物。

過去に自分が残していたメモを見て「この時のわたし、何言ってんの〜〜！」

そうやって笑顔になったり、ページをめくると今自分が一番欲していることばがあって元氣をもらえたり、書き残していたアイデアが今直面している壁への解決策になったり……！

だからこそ、わたしはインスピレーションをとても大切にしていて、頭に浮かんだらすぐ書き起こすようにしています。

スマホにメモをするのが楽で手っ取り早いけど、やっぱり、紙が一番。

スマホのメモはしばらくするとどこにいったかわからず探すのに苦労するけど、紙のメモならページをめくりながらさっと探せる。

そして、手書きの文字はやっぱり見ていてなんだか楽しい。ていねいに書いているか、走り書きしているかなど、その時の自分の状況が垣間見える。

以前インドを旅していた時に、カフェの店員さんにヒンディー語の数字を教えてもらい、それをノートに書いてもらっていたんだけど、数年後にお家で荷物を整理していると、当時のノートが出てきた。

あの時のメモがまだ残っていて、なんだか文字に力が宿っているようで、自然と当時の情景を思い出すことができ、こころが温かくなった。

きっとそのメモが手書きではなく、スマホに残したデジタルのものだったら、温かさや文字に宿ったパワーを感じることはできなかったはず。


だからこそ「手書きの文字」っていいなぁ、と思う。

なのでわたしは、いつでも手書きでメモを残せるように、小さなノートとお氣に入りのペンを持ち歩くようにしています。

インスピレーションは流れ星のように、突然降ってくる。

キラキラと輝きを放っているうちに、大切に書き残しておこう。

そうやって集めた光が、あなたの日常をより美しく彩ってくれるはず！

学び、
成長し、
変化していく。

Learn, grow, and change.

こうして本を書いている期間にも、日々たくさんのことを学び、感じ、成長している。既に書き終えた項目でも、時間をかけて本を作り上げていく中で、「あれ？　なんだかしっくりこないなぁ……」そう思い、文章を書き換えたりすることがある。

もともとあった考えに磨きがかかり、それに応じてことばや内容を微調整したり、はたまた大きく変更を加えたりもしている。

それって、自分が日々学びを得て、成長しているからこそ。この本も、わたしと一緒に成長している。

人は常に学びの中にいて、日々成長し、変化していると思うの。

昔の自分のSNSの投稿などを見返していると、高校生や大学生の頃の自分のファッションやことば遣いにすーーっごく恥ずかしくなったりする。でも、その時のファッションは、当時の自分が一番良いと思って選んだものだったし、その時のことば遣いも、自分に一番しっくりくるものだった。

昔の自分を見て恥ずかしさを覚えたりもするけど、実はそれってすごく素敵なことで、恥ずかしく感じるのは、昔に比べて今の自分が大きく成長したから。それって、成長の証しなの。

いつまでもまったく変わらない人なんてきっといない。生まれてから今この瞬間までに様々なライフステージがあり、その中で常に変化があったはず。「変わろう！」と意識的に成長や変化に目を向けなくても、「嬉しいこと」「悲しいこと」「勇氣のいること」など、わたしたちは日々目の前のことに向き合っていて、その都度学び、成長し、変化し続けている。

何か新しいことに挑戦しようと思った時、「こんなの今までやってこなかったし……」なんて躊躇《ちゅうちょ》しちゃうこともあるかもしれないけれど、それは「これまでのあなた」であって、大事なのは「今のあなた」！

何度も言うけど、わたしたちは日々成長し、変化し続けている。だから、「過去の自分」の言動で、「今の自分」を縛る必要なんてまったくないの！

日本から絶対出たくないと言っていたあなたが世界一周をしてもいいし、犬派を公言していたあなたが猫を飼ってもいい。一生ひとりで生きていくと言っていたあなたが、とろけるような恋に落ちてもいい。

「こうやってみんなに言ってたし……」なんて思うかもしれないけど、それはその時のあなたにとってのベストな選択だったわけで、今この瞬間のあなたがその時と違っていてもなんの問題もない。

変わりゆく季節があるからこそこの世界が美しいように、「あなた」という存在にも常に変化があるからこそ、より美しく輝けるの！

古い自分はどんどん脱ぎ捨てて、「今の自分」にとってベストな自分でいること！

自分の変化を楽しもう‼

もっと
ニュートラルに。

See it as it is
without painting any color!

何か自分にとって大変なことや、不利なことが起きた時、瞬時にそれを「問題」と無意識のうちに捉えてしまう。そして、それを「問題」として見るから、ネガティブに見えてしまい、氣分が落ちてしまうと思うの。
でも、それを「問題」と捉えずに、ただの「起こった出来事」としてニュートラルに捉えることで、物事を冷静に見ることができると思う。

「ニュートラルに捉える」というのは、起こった出来事に「いいこと」「悪いこと」など善し悪しを一切つけず、そのままの「出来事」として認識すること。プラスでもマイナスでもない、ゼロの状態。そうすることで、冷静にその事実を客観視することができる。

たとえば、おしごとでミスをしてしまったとして、それを悪いことと捉えると「わ〜どうしよう。クビになる〜〜」とマイナスに考えてしまうかもしれない。反対にそれをいいこととして捉えると、「ラッキー！　ミスしたおかげで学びを得ることができた！」そうやって良い部分を見つけて、自分の好きなようにその出来事に色をつける。

ニュートラルに捉えると、「ＯＫ、ＯＫ。わたし、ミスしたんだな」そうやって、「ミスをした」という事実になんの色もつけず、起きた出来事を「起きた出来事」としてただただ認識する、といった感じ。

取るに足らない小さなことなのに、誰かが「これはこうじゃないか?」と〝問題視〟することから始まり、みんなそのことを真剣に考え始め、そこから論争が生まれたりすることって、誰しも経験したことがあるんじゃないかな?

その代表的な例は、テレビ番組や雑誌のゴシップ。本当に些細《ささい》なことなのに、それをわざわざスクープ（ニュース）として取り上げることで、それが〝大きなトピック〟に発展する。本当にエネルギーの無駄遣いだと思う（笑）。

実際、自分にとってトラブルだと感じることが、他の人にとってはノープロブレムであることも多々ある。「問題が起きた！」と焦っても、どんなに騒いだところで解決なんてしない。だから、「トラブルだ〜〜」と思うことが起きたら、一度深呼吸をして、そこに感情を混ぜずに、物事をただの「起こった出来事」として、見るようにしてみよう。

今何が起こっているのか、自分がどういう状況にいるのかを客観視することで、自ずと自分がどう対処すべきか冷静に見えてくるはず。

そう考えると、自分に起こる出来事は、すべて自分のものさしで善し悪しをつけているということに氣がつく。

ニュートラルに物事を見ることができれば、落ち込むことも減り、よりフラットに生きることができるはず。

もっとニュートラルに。

でも、嬉しいことが起きた時には、身体全身でパーッと喜びを表現することも忘れずに!!

深呼吸。

ス――――――ッと、

「なんか、違う」は
「きっと、違う」

Energy never lies.

旅で観光地を訪れた時、男性数人（現地の人）がわたしとお友達に話しかけてきた。「なんだかこの人たち怪しいなぁ。本当のことを言っているのかもしれないけど、なんか違う氣がするんだよなぁ」「なんとなく、ここはすぐにでも離れたほうがいい氣がする」ふとそう感じ、お友達は彼らの話に耳を傾けていたが、わたしは自分の違和感を信じて半ば強引にお友達を連れ、その場を後にした。その後、ネットを見ていて、その人たちが常にその場所で詐欺を働いていることを知った。「あぁ、やっぱりわたしの違和感は正しかったんだ！」と思った。「なんか、違う」そう思うことって、わたしの経験上「やっぱり違った！」になる。「なぜだか違和感がある」「なんだかしっくりこない」誰しもそんな感覚を持ったことがあるはず。そういう時の「なんとなく」は大体正しいと思うの。逆に「なんか好き！」「なんだか居心地がいい」そう思う場所や人とはずっとつながりがあったりする。

そういう〝なんとなく〟感じる感覚。ふわっとしているけど、力強いメッセージ。目には見えないけど、場所も人も独自のエネルギーを発していて、それをキャッチしているんだと思うの。エネルギーは嘘をつかない。

自分の感覚をもっと信じてみよう！

「なんくるないさ」

Nankurunaisa.

「なんくるないさ」きっと誰もが一度は聞いたことがある沖縄の有名なことば。「どうせなんとかなるから大丈夫っしょ〜」といった、すごく楽観的なイメージがあるかもしれないけど、実は「なんくるないさ」のことばの前には、「まくとぅそーけー」ということばが入るんです。

だから、正しくは「まくとぅそーけー　なんくるないさ」。「正しい行い／誠のことをしていれば、なんとかなるさ」という意味なんです。

「まぁどうにかなるっしょ?」そうやってダラダラ過ごすのではなく、「やれることはやった。全力を尽くしたんだから大丈夫！　あとは天に任せよう」そう言えるように、どんなに小さくてもいいから、日々努力を重ねること、常に自分のベストを尽くすこと。人として正しい行いをして、日々努力を怠らなければ、周りの人も、天も、きっとあなたの味方をしてくれるはず。

まくとぅそーけー　なんくるないさ。

生まれ育った大好きな故郷・沖縄のご先祖様がわたしたちに残してくれた大切なことばを胸に、これからも生きていきます。

来た時よりも、
美しく。

Leave gratitude and kindness.

「来た時よりも、美しく」

誰しも学生時代、先生から一度と言わず、何度も言われたことがあるはず。

当時は、何度も何度も言われるから、「もう、しつこいなぁ〜〜」なんて思っていたけど、大人になった今、この教えを受けたことにすごく感謝している。


わたしは国内外どこにいてもカフェに行くのが日課なんだけど、その中でこころがけていることがあるの。それは、お店をあとにする前に「自分が座っていたテーブルやその周りを綺麗にする」ということ。


汚れていたらテーブルを拭いて、椅子はちゃんと戻して、自分のものじゃなくても近くにゴミが落ちていれば拾ったりしています。

よくあることなんだけど、席に座ろうとしたらテーブルが濡れていたり、食べカスがそのままだったり。

そうやってテーブルが汚れていると、店員さんに頼んで綺麗にしてもらうか、お店が忙しそうだったら自分でティッシュを探して、拭いて、そのティッシュをゴミ箱に捨てに行って〜……といった感じで、席に着いて落ち着くまでに時間がかかる。

次の人のためにテーブルを綺麗にしておくこと、椅子を戻しておくこと。

それは、利用させていただいているお店への敬意にもなるし、何より次の人への優しさだと思うの。

わたしはカフェのテーブルだけでなく、公共のトイレを利用する時にもできるだけトイレを綺麗にしてからその場を去るようにしています。床にトイレットペーパーの切れ端が散乱していたら、それを綺麗にしたり、洗面台の周りが汚れていたらさっと拭いたり。

そうすることで、もちろん次にトイレを使う人のためにもなるけど、やっぱり一番は自分のこころが整い、氣分が良くなる。

それから、自分が滞在したゲストハウスやホテルなども、チェックアウトの前にベッドやお部屋を綺麗に整えてから退室するようにしています。清掃の方が綺麗に掃除をしてくれるんだけど、その方のおしごとが少しでも楽になるようにゴミをまとめておいたりなど、心地よく過ごさせてもらったことに感謝しながら、自分で綺麗にできるところは綺麗にしています。お部屋を出る時にも部屋を一度見渡して、「ありがとうございました」と、軽く一礼をしてからその場を後にしています。

こうして、自分も氣持ちよく、そして誰かのために優しさを残して、その場をあとにすることって、とてもピースフルで美しい行為だと思うんです。

場を整えることは、自分を整えることにつながる。

「来た時よりも、美しく」

そんな素敵な教えを大切に、ていねいな暮らしをこころがけていきたいです。

夢・目標を書き出す。

Write down your dreams and goals.

夢や目標は、書き出すことで本当に叶うと思うの！

「書いたら叶う」そんな「前提」を信じることも、すごく大切なポイント！

わたしは夢や目標を定期的に書き出していて、夢は自分の中に浮かんでくるたびに書き留め、目標は月の終わりに翌月に向けて書き出すことが多いです。

それ以外だと、新月や満月の日にその時の星座に合わせて、お願いごとを書いたりもします。何はともあれ、思いたった日がきっと自分にとって一番の吉日！

ピンときたら、その時に書き出すようにしています。


そして、そんな夢や目標は書いて終わりではなく、定期的に見返すことがとても重要。わたしは、書き出した夢と目標は日記と一緒に手帳に保管していて、いつでもすぐに見返せるように、最初のページに並べています。

そうすることで日記を書くたびに、自ずと夢・目標を見返すことができる。そしてわたしは日記帳を毎日持ち歩いているので、ちょっとくさいけど、夢と希望がいつもバッグの中に入っています(笑)。

わたしは、夢や目標の実現において、「思う」だけではなく「書き出すこと」がすごく大切だと信じています。あくまでもわたしの視点から見た世界だから、ひとつの意見として聞いてほしいんだけど、この地球では物事に「名前」をつけることによってその「存在」が確立されると思うの。

たとえば、「木漏れ日」ということば。これは日本独特の素敵なことばで、英語には木漏れ日に対する直接的な単語（名前）がないみたい。ネットで調べてみると「Sunlight that filters through the leaves of trees」と訳されていて「木々の間から漏れる日の光」のように、英語では「木漏れ日」という光をひとつのことば（単語）で表せないみたいなの。だから、英語が母国語で「木漏れ日」の概念（存在）をまだ知らない方は、わたしが隣で木漏れ日を見ていても、その方にとっては「木漏れ日」ではなく「綺麗な光」としてしか目に映らないと思うの。でも「木漏れ日／Komorebi」ということばを知り、それがどういうものかを知っていれば、その瞬間から、木漏れ日を見た時に「あ、木漏れ日だ！」そうやって、漠然とそこにあった「綺麗な光」が「木漏れ日」としてその人の世界に現れると思うの。このように、名前のついた物事の存在は確かなものになる。

わたしたち一人ひとりにも名前があって、名前があることで「わたし」というひとりの人間の存在が確立される。
マグカップ、テーブル、夢、宇宙、日本など、わたしたちが認識しているすべての存在には「名前」がある。「空氣」「愛情」「エネルギー」など、一般的に目に見えないものも、名前があることでその存在を認識することができている。

頭の中に広がる夢。その夢は、キラキラと頭の中に確かに存在している。でも、頭の中にあるうちは、実際に目に見えるハッキリとした形あるものではなく、ふわふわとしたものだと思うの。そんな夢（ビジョン）を「ことば」にすること、そして「文字」として書き起こすこと。そうすることによって、それが「目に見える存在」に変わる。そして形ある存在には自ずと「意識」が向く。

この地球は意識を向けたもの／ことが、より色濃い存在になるようにできていると思うの。
たとえば、家からカフェに行くまでに「赤いものをなるべく多く見つけてください」そう言われると「車」「バイク」「通りすがりの方のカバン、マフラー」など、きっとたくさん「赤いもの」を見つけることができるはず。

それは「赤いもの」に自分が意識を向けていて、自分の世界の中の「赤いもの」の存在が濃くなるから。逆に何も意識せずに家からカフェに来たとして、そこで「ここに来るまでに赤いものをいくつ見た?」と聞かれたら、きっと上手く答えられないはず。それはシンプルに「赤いもの」を意識していなかったから。

同じように、頭の中にある「夢」を「文字として書き出すこと」で、書き出したものが「ひとつの見える存在」になる。そして、その存在に「意識」が向いて、意識が向いたその存在(夢)がより色濃いものになる。

これが、夢が叶う現実を作るひとつのプロセスなのかな? と思うの。

結局最後に行動しないといけないのは自分自身だからこそ、「書くだけでどんな願いも叶うよ!」なんて、無責任なことは決して言えないけど、「書くこと」で夢がより現実化すると思うし、叶うスピードも格段に上がると思うの!

必要なのは紙とペンだけ! パソコンやスマホでも文字にはできるけど、やっぱり、紙に書くことがわたしは好き。「手書きの文字」って自分の色が出るし、力を込めて書くからこそ、そこにエネルギーが宿ると思うの。そして、そんなエネルギーがこもったものにはきっと命が宿る。「夢が文字の中に生きている」って考えると、すごく神秘的でワクワクしない⁉

とにかく！　今からすぐにできる簡単なことで、未来がより輝くものになったら最幸だよね！　ステップはすごくシンプル。書いて、意識して、行動。たったそれだけ！

「書く」ことは「描く」こと。

みなさんの夢が、ひとつでも多く叶いますように！

進んでみよ？　もう一歩だけ！

あと一歩先に、
絶景が広がっているかもしれないよ？

スポットライトは
自分自身に！

Let the light shine on you.

他の人のことが羨《うらや》ましくなって、「あ〜、あの人はあんなにキラキラしているのに、なんでわたしは……」そう思った経験、誰しもあるはず。

その瞬間って、その人にスポットライトを当ててしまっている。

その人は自分の人生を一生懸命生きていて、自分自身にスポットライトを当てている。そこにあなたが重ねて光を当てているんだから、その人がキラキラ輝いて見えるのは当然！


自分の人生、主役は自分自身なのに、その主役にスポットライトが当たってないってどういうこと〜〜！

照明さんに、スポットライトを自分に戻してもらおう！

ちなみに、照明さんもあなた自身！

好きな時に、好きなところに光を当てられるの！


でも、相手に羨ましさを感じる氣持ちも、自分の中に湧き上がる大切な感情。

しっかり大事にケアしてあげよう！

誰かを羨ましく思うのは、「自分にまだない欲しいもの」をその人が持っているからだと思うの。でも逆を言えば、あなたは「自分が欲しいものをちゃんと知っている」ということ！

「自分が何を欲しているか」を知っているって、めちゃくちゃ大切なこと！

「お腹が空いているのに何が食べたいのかわからない時」って、すっごくモヤモヤしない？　あれも違うし、これも違う。お腹はぐ〜ぐ〜鳴る一方。でも何が食べたいかわからないから、どう行動したらいいかわからない。きっとそんな経験があるはず(笑)。

「自分が欲しいものを知っている」って、本当に幸せなことなんです！

あとは、「その欲しいもの」を手に入れるために、行動するだけ。

「コーヒーが飲みたい」という自分の氣持ちがわかるなら、カフェに行けばいい。「美味しいクロワッサンが食べたい」ならパン屋さんに行けばいいし、海を飛び越えて直接フランスに行ったっていい！

やり方も、行き先も、全部自由に決めていいの！


「誰かを羨ましく思う氣持ち」って、すごく大切な感情。

そのことが「自分が今、何を欲しているのか」に氣づかせてくれる。

誰かにスポットライトを当てることによって、その光の中で自分の欲しいものが明確になる。欲しいものが明確になったら、スポットライトはちゃんと自分に戻してあげよう！


あとはその光に照らされながら、欲しいものを得るために日々努力をすることと！

光の下で努力を重ねるあなたは、誰よりもキラキラ美しく輝いているはず。

トマトは今日も
全力でトマト。

Focus on being the best version of yourself.

わたしはトマトが大好き。

みずみずしい赤、プチっとした感触、ほんのりした甘さ。

そのどれもが好きで、パクパク食べてしまう。


でも、わたしの周りにはトマトが苦手な人が多くいる。

とはいえ、トマトが苦手なのはその人のほうに理由があるわけで、トマトのほうには何の理由もない。

トマトは、今日もただ全力でトマトとして生きているだけ。


わたしたちもトマトと同じ！　自分の良さは、わかってくれる人にわかってもらえれば、それだけで良いのよ〜〜！

今日も自分らしく！　楽しく生きることに、全集中！

もっとシンプルに。

もっと自由に、

上手くやろうと
するのではなく、
自分のベストを
尽くすこと。

Focus on doing the best you can!

「上手くやろうとする」って、少なからず他の人の目線から物事を見ていると思うの。

言い換えれば、「上手くやろうとする」場合、自分の軸を周りの人に預けてしまっていて、軸が自分にない状態。

でも「自分のベストを尽くす」だと、自分のことだけに集中していて、自分の中に軸がしっかり通っている状態。

「上手くできているかどうか」なんて、結局、それは見る人によって変わる。
だから、「上手くやろうとしている自分」に氣がついたら、「自分のベストを尽くす」に軸を戻そう!

結果がどうあれ、出せるすべてを出したなら、そこには1ミリの後悔もないはず!

力を抜いて、
リラックス。

Take a deep breath and let go of control.

こころが焦ってしまう時こそ、一度立ち止まって、深呼吸をしよう。優しく目を閉じて、ふぅ〜〜と息を吐きながら、余分な力を手放そう。

焦っていたり、緊張していたりすると、自然と身体に力が入り、手もぎゅーっと握りしめた状態になってしまう。

手がぎゅっと結んだグーの状態だと、せっかく目の前にあるはずの幸せも摑《つか》むことができない。ゆるゆる〜と脱力していると、手も自然とゆったり開いた状態になるはず。そうすると目の前にある幸せをそっとつかまえられるはずだし、開いた手に幸運がふわっと舞い降りてくれるかもしれない。

海でも、力を抜いてリラックスしているとぷかぷか浮かぶことができるけど、力むと身体は沈んでしまうよね？　焦ってバタバタ泳いだって、体力がなくなってしまうだけ。コントロールを手放して、ゆったりリラックスしている時こそ、本来の力を発揮できるし、より自分らしくいられるはず。

ふぅ〜〜っと、深呼吸。余分な力は手放して、流れに身を任せてみよう。

何よりも自分が
幸せでいること。

If it makes me happy,
it doesn't have to make sense to others.

自分の行動や決断、容姿などについて、「～すべき」「～であるべき」「～するのは間違い」などと言われたことがあるのは、きっとわたしだけではないはず。

わたしは幼い頃、おままごとや、お人形で遊ぶことなど、いわゆる〝女の子の遊び〟が好きで、それをしている時間が楽しかったし、そんな自分が好きだった。でも、「男なんだから人形で遊ぶのはおかしい」「男なんだから泣くな」「男なんだから短髪であるべき」など、相手の思う「こうであるべき」ということばに自分を縛られたことが何度もあった。翼をロープでギュッと縛られ、飛びたくても空を飛べないようなもどかしい感覚。

そんな当時のちいさな自分を抱きしめてこう伝えてあげたい。

「そのままの自分でいいんだよ。あなたが幸せであることが何よりも大事だから」

幼い頃に受けた扱いやことばは、成長してもこころに残り、足かせとなることがある。「これをすることで周りにどう見られるだろうか」「なんと言われるだろうか」そんな声が頭の中に響き渡ることがある。

そんな中、年月をかけがんじがらめになったロープを、鋭くも優しく翼から切り離してくれることばに出会った。

If it makes you happy, it doesn't have to make sense to others.

あなたが幸せを感じているなら、それだけで十分。必ずしも周りに理解されなくてもいいいんだよ。

着たい服があるなら着ればいいいし、行きたいところがあるなら行けばいい。やりたいことがあるなら、思う存分やればいい。自分だけのオリジナルの人生なんだから、誰に何を言われようと、自分が好きなように生きたらいい！　自分が幸せで、そんな自分に納得しているなら、周りに理解されなくたっていいの！

自分だけの人生、それはオリジナルの映画のようで「監督」「主演」「編集」ぜーんぶ自分！　自分が納得する作品を創ること、自分が観ていて幸せを感じる作品にしていくこと。そこだけに集中していればいいの。そして、その作品を観て感動してくれる人、応援してくれる人に「ありがとう！」と、こころから感謝を伝えたらいい！

「この作品好きじゃない！」誰かにそう言われたって、それはその人の一意見。

わたしはわたしの作った作品が大好きで、出来栄えに納得している。そしてそれを好きでいてくれる大切な人たちがいるんだから、それだけでいい。

知らない人にとやかく言われても、監督は自分自身なんだから「Umm, who are you?（えーっと、どちらさま？）」ぐらいのスタンスでいいし、周りの声はBGMぐらいに捉えていたらいい。好きな音楽ならウキウキるんるん歌っちゃえばいいし、そうじゃないものは「あ〜なんか流れてるな〜」ぐらいに聞きながしちゃえばいいの！

周りに理解されなくたって、自分が納得して、そこに幸せを感じているならそれだけで十分！「自分が幸せであること」を一番に、「人生」そして「決断」に責任を持ち、力強く生きること。

そんなわたしたちの映画、自分史上最高傑作になること間違いなし!!

飛んだ人にしか
見えない
絶景がある。

Inhale courage. Exhale fear.

思い切って飛び込んでみるからこそ、その先に広がる世界を見ることができる。

怖いけど、不安だけど、それでも思い切って飛んでみる。挑戦してみる。

そうすることで、飛び込んだ人にしかわからない、新しい世界を見ることができる。意を決して飛び込んでみるか、それとも、今いる世界に留まるか。

どっちを選んでも素敵な選択だと思う。

でも、新しい世界を見たいなら、勇氣を振り絞って飛び込んでみるしかない！

飛び込んだ結果、「失敗したかも……」そう思うこともあるかもしれない。わたし自身、失敗と思うことも今までにたくさんあったけど、「失敗は成功のもと」というように、すべては「成功までのプロセス」であり、本当の意味での失敗なんてひとつもない。そこには「学び」があるだけ！　何より、自分の氣持ちにしたがって、勇氣を出して飛び込んだんだから、それはもう大大大正解!!

「やらなかった後悔」は自分の中に「後悔」として残るけど、「やった後悔」は「思い出」として残る。失敗をしたり、恥をかいたりして、その瞬間は「やらなければよかった〜〜」と思うかもしれないけど、時が経てばそれも話のネタになっているしね！　〝失敗〟なんてないんだから、思い切って飛んでみよう！

「夢」や「目標」は
いつか
思い出に変わる。

Your dreams/goals are
just memories of your future self.
(Sarah Briggs)

最近、ＳＮＳを見ていてすごく素敵なことばに出会った。それが "Your dreams/goals are just memories of your future self." ということばで、「今のあなたの夢や目標は、未来ではもう思い出に変わっているよ！」という意味。このことばにすごく共感するし、キラキラとときめきを感じたの。

わたしは夢や目標を常に書き出していて、過去の自分が書いた夢・目標を見返すたびに、「あ、叶ってる！」そう氣づく瞬間がすっごく嬉しいの。

忘れてしまっているだけで、夢って実はたくさん叶っている。

「好きなだけお菓子を買いたい!!」幼い頃にそう夢見た人は、大人になった今、きっと好きなだけお菓子を買えているはず。幼い頃に夢見ていたことがあっさり叶って、それが今では日常になっているんです！

わたしは今、こうして本を書かせてもらっているけど、本を出版することが夢のひとつだったし、今住んでいるチェンマイにもずっと住んでみたくて、それが現在進行形で叶っているんです！

夢を実現して、それを思い出として見ている自分が、必ず未来にいる。そんな未来の自分を信じて、今日も一歩ずつ、前に進んでいきましょう！

上手くいかない時は
「どこに導かれて
いるんだろう？」
と言ってみる。

The Universe has a funny way of blessing you!

日々を生きる中で、大小あれど、様々なトラブルに直面することがある。

そのほとんどが「自分のコントロール外」のことで、そこにイライラしても、結局のところ現実は何も変わらない。

でも、イライラする時はどうしてもイライラしてしまう。

そして、上手くいかない時って、目の前のことだけで精一杯で、ポジティブな側面を考える余裕もなかったりする。


そんな時、わたしが口にする魔法のことばがあるの。

それが「わたしって今、どこに導かれているんだろう？」ということば。

このことばを口にすることで、今感じているイライラから自然と意識を離すことができる。それでいて、無理にポジティブになって自分の氣持ちにフタをしているわけでもないの。

「どこに導かれているんだろう？」そう考えることで、自然と「どんな未来がわたしを待っているんだろう？」そうやってフラットに状況を見ることができ、自然とこれからの展開にワクワクするの。

以前、すべての準備を済ませて家を出ようとした時、ウォーターボトルを忘れたことに氣がついた。一度洗ってからお水を入れようと思ってボトルを洗っていたんだけど、その最中にボトルが手から滑り落ちて、靴下、洋服が濡れてしまい、またお着替えをしないといけなくなった。

その瞬間は「あぁ〜もう最悪」そう思ったんだけど、「わたしは今、どこに導かれているんだろう？」そう考えた時に「ほんの少しだけど家を出る時間が遅れたことで、自分の身に起こっていたかもしれない事故を逃れることができているのかも……」「出発が遅れてタイミングがずれたことで、カフェで良い席がたまたま空くかも……」そうやって、氣づけば、「最悪！」そう思っていた出来事に自然とありがたみを感じていたの。

わたしたちが生きているこの世界って、「あと1秒遅れていたら」「あと1ミリずれていたら」そうやって本当にタイミングひとつですべての出来事が左右される世界だと思う。そんな世界線の中で起こる出来事には、必ず意味があると思うの。

今この瞬間、表面的に「点」で見ると上手くいっていないかもしれないけど、後々振り返った時に「あ！　あの時、あの出来事があったから、今があるのか……！」そうやって、「点」と「点」がつながり、「線」になっていることに氣づくことって、結構あると思うの。

あの会社への就職が叶わずすごく悲しかったけど、そのおかげで今の会社に就職できて、理想の暮らしを手にした自分がいる。あの時あの予定が中止になったから、近くのカフェに行くことになり、今のパートナーに出会えた、などなど。ちょうどさっき、行きつけのレストランに行ったんだけど、残念なことに、食べたかったものが売り切れていたの。でも、そのおかげで以前から氣になっていたレストランに行くきっかけができ、なんとそこのご飯が美味しくて、「また来たい！」と思う場所だったの！

自分にとって不利なこと、嫌だと思う出来事って、実は「幸せな未来への伏線」だったりする。もし悲しいことや、トラブルが起こった時には「わたしって今、どこに導かれているんだろう？」そう口にしてみてください！

日常の
「小さな美」に
目を向ける。

There is beauty all around us.

「自然」「生き物」「人の優しさ」など、わたしたちの日々の暮らしは、様々な美で溢れている。その「美」には、絶景のような「壮大な美」だけではなく、意識していないと見落としてしまいそうになる「小さな美」もある。

わたしは、蝶々や綿毛が飛んでいるのを見ると、わたしの元に幸運を運んできてくれたようですごく嬉しくなる。アスファルトに咲く一輪のお花や植物を見ると、厳しい環境下でも力強く美しく咲くその姿に勇氣をもらえるし、道ゆく人の笑顔を見ると、こころがポカポカ温かくなる。

意識していないだけで、実は誰しも、日々「小さな美」に目を向けていると思うの。

自分がどんな美に目を向けているかを知るには、撮った写真を見返してみるのがおすすめ。「写真を撮る時」って、「あ、素敵！」そうやって自分のこころが動いた瞬間だと思うの。撮った写真を見返すことで、「自分がどういうものにこころを動かされたのか」「何に美しいと感じるのか」などに、きっと氣づけるはず。

そこでわたしがおすすめしたいのが、カメラを持ってお出かけしたり、お散歩をすること。スマホでもいいけど、デジタルカメラなど、写真を撮ることだけに集中できるものがおすすめ！

カメラ片手にお出かけすることで「何か素敵な被写体はないか」と、氣づけば自然と「身の回りの美しいもの」を意識的に探しているんです。

学校や職場、お買い物に行くまでのいつもの道のりも、意識していないだけで、きっとたくさんの美で溢れているはず。

旅でもそうだけど、最初は「わ〜〜！」と感動しても、それが「日常」になることで、徐々に感動が薄れてしまう。「慣れ」って人間に備わった素敵な適応能力だけど、慣れすぎると見失ってしまうことが多くあると思うの。

いつも通る道の景色、生い茂る草花、家族の笑顔など、日常の一部であるがゆえにその尊さを忘れてしまっている「美」が、わたしたちの暮らしには溢れている。

そんな美に改めて氣づくことで、暮らしがもっと豊かで、今よりもさらにキラキラしたものになるはず。

日常の小さな美に、もっと目を向けてみよう!

命《ぬち》どぅ宝

Life is the greatest gift.

わたしの生まれ育った沖縄に「命《ぬち》どぅ宝」という教えがあります。

「命こそ、宝」という意味です。

「一日の中で、今ある命に感謝する時間って、どれぐらいあるだろう？」

自分にそう問い掛けた時、その時間がほとんどないことに氣がついたの。


頭では「今日、命があること」の尊さや、それがどれだけ特別であるかをわかっていても、そんな日常を当たり前のように過ごしていることに氣づいたんです。

わたしがこうして温かなコーヒーを飲みながらカフェでことばを綴るこの時間。いつもの日常なんだけど、わたしがこうした日々を過ごせているのは両親がわたしに命を与えてくれたから。おじいちゃん、おばあちゃんが、わたしの両親に命を与えてくれたから。そんな尊い命のつながりは、ご先祖様から絶えずずーっと続いている。


わたしのおじいちゃん、おばあちゃんが激しい戦争を生き抜いて命をつないでくれたから、わたしの両親が生まれ、わたしの両親が出会ったからこうしてわたしという人間が今この瞬間に生きている。

あと数秒遅れていたら、1日ずれていたら……。そうやって、過去で何かがほんの少しでもずれていたら、わたしはきっとこの世にいなかったはず。

そう考えると、わたし（わたしたち）が今この瞬間に生きていることって、本当に奇跡だと思うんです。

でも、こういうことに思いを巡らせることが一日の中にほとんどなく、朝起きた瞬間から「もう少し寝たい……」「お昼は沖縄そばが食べたい」なんて考えながら、ぼーっと歯磨きをしていたりする。だからこそ、こうしてことばに残しています。

どんなにつらいことがあっても、すべてを投げ出したくなっても、自分に価値を見出せなくなっても、わたしたち一人ひとりが「尊い存在」だということを忘れないでください！

命《ぬち》どぅ宝。

つないでいただいた大事な命を輝かせながら、今日という日を大切に生きましょう！

あとがき　Thank you and see you again!

最後まで読んでいただき、ありがとうございます！
この本を読み進める中で、わたしの紡いだことばたちが、みなさんの背中をそっと押したり、日常をより温かくするお役に立てていたら、すごく、すごく、幸せです。

これからを生きていく中で、嬉しいこと、悲しいことなど、様々な経験があるはず。そんなみなさんのこれからに優しく寄り添ってくれるように、温かなパワーを込めながら、ていねいにことばを紡ぎました。そんなことばたちが、この本の中にすやすやすや生きています。

本を初めて読んだ時の「氣付き」や「学び」「その時の感情」など、この本にメモを残すのもすごくいいかと思います。あとで読み返した時に、きっと自分の成

長や変化を肌で感じられるはず。そうやって、こころを込めて書いたこの本が、
これからもみなさんの隣にいてくれたらすごく嬉しいです。

この本で紡いだことばは、今、そしてこれからの自分自身のためにも大切に残
しておきたいものを、厳選に厳選を重ね、選びました。
わたしにも、叶えたい夢や目標がまだまだたくさんあり、この本の魔法のこと
ばたちを胸に、自分のペースを大切に、一歩ずつ前へと進んでいきます。
そんなわたしのこれから、みなさんのこれからが、より温かく、光り輝くもの
であることをこころより祈っております。

今日も、素敵な日になりますように。
こころを込めて。

Tasuku.

〈著者紹介〉
Tasuku.（タスク）
トラベルフォトエッセイスト。世界中を気ままに旅しながら暮らす。旅先でさまざまな人や物事に出会い、そこで感じたことをInstagramでシェアする。モットーは「自由、ナチュラル、シンプル」。1994年5月2日、沖縄県生まれ。

Instagram　@itsmetasuku　https://www.instagram.com/itsmetasuku/

Hello《ハロー》, Beautiful《ビューティフル》!
今日《きょう》も素敵《すてき》な日《ひ》になりますように。

2024年12月19日　初版発行
2025年 2月20日　再版発行

著／Tasuku.《タスク》

発行者／山下 直久

発行／株式会社KADOKAWA
〒102-8177　東京都千代田区富士見2-13-3
電話 0570-002-301（ナビダイヤル）

印刷所／TOPPANクロレ株式会社
製本所／TOPPANクロレ株式会社

●お問い合わせ
https://www.kadokawa.co.jp/（「お問い合わせ」へお進みください）
※内容によっては、お答えできない場合があります。
※サポートは日本国内のみとさせていただきます。
※Japanese text only

定価はカバーに表示してあります。

ISBN 978-4-04-607108-8　C0095